Ce livre

Appartient à :

....

....

Vitrail Art

livre de coloriage

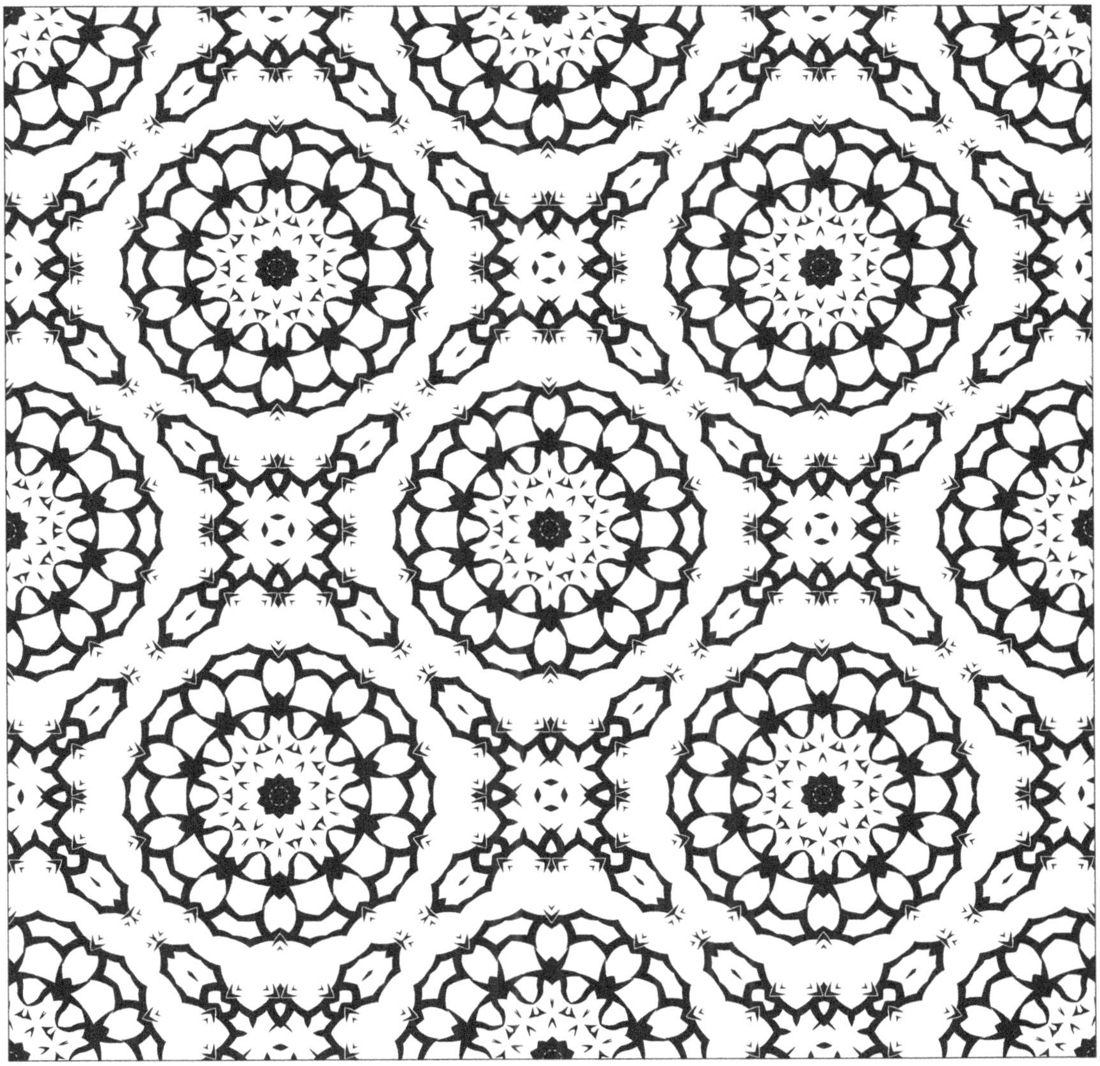

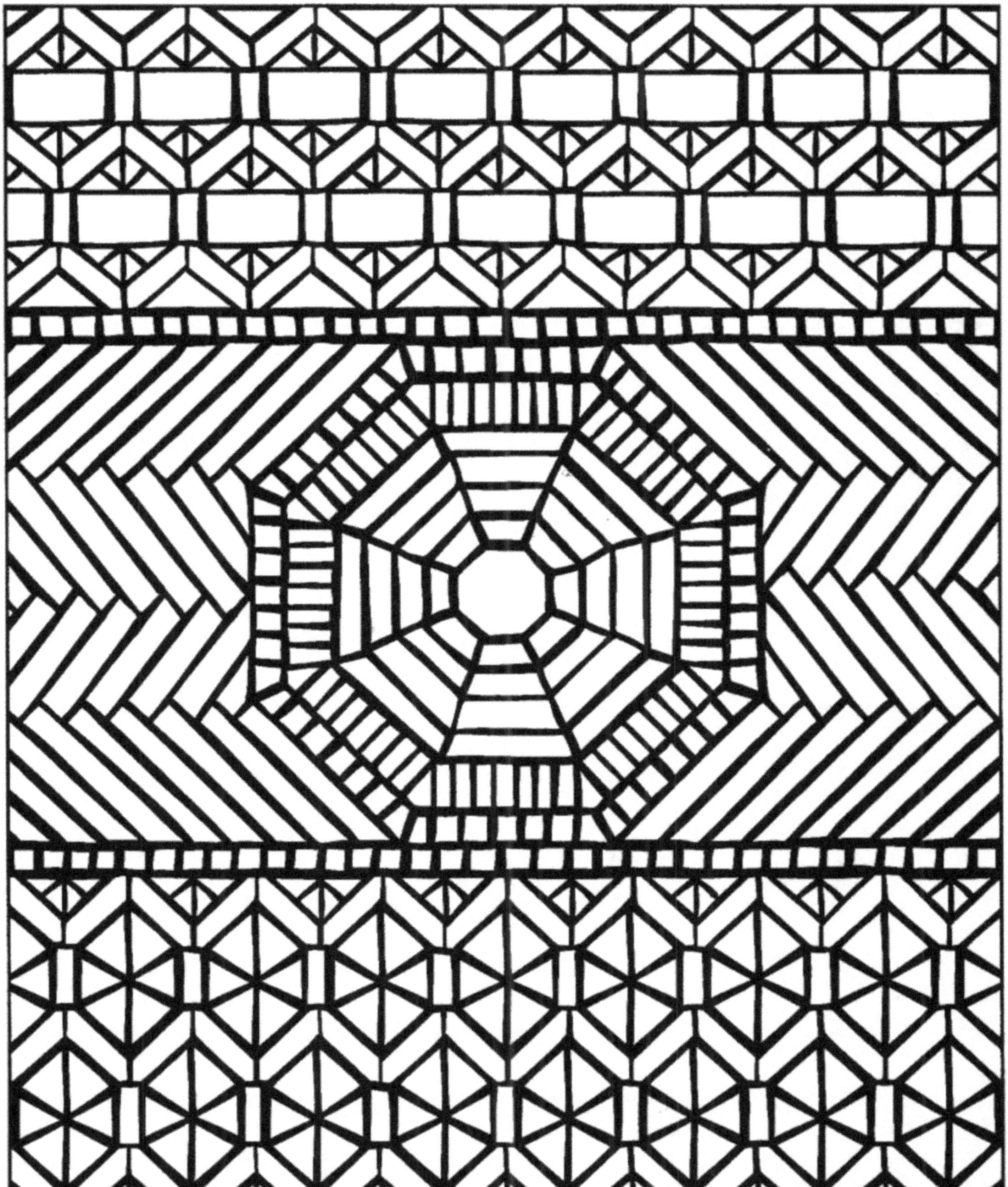

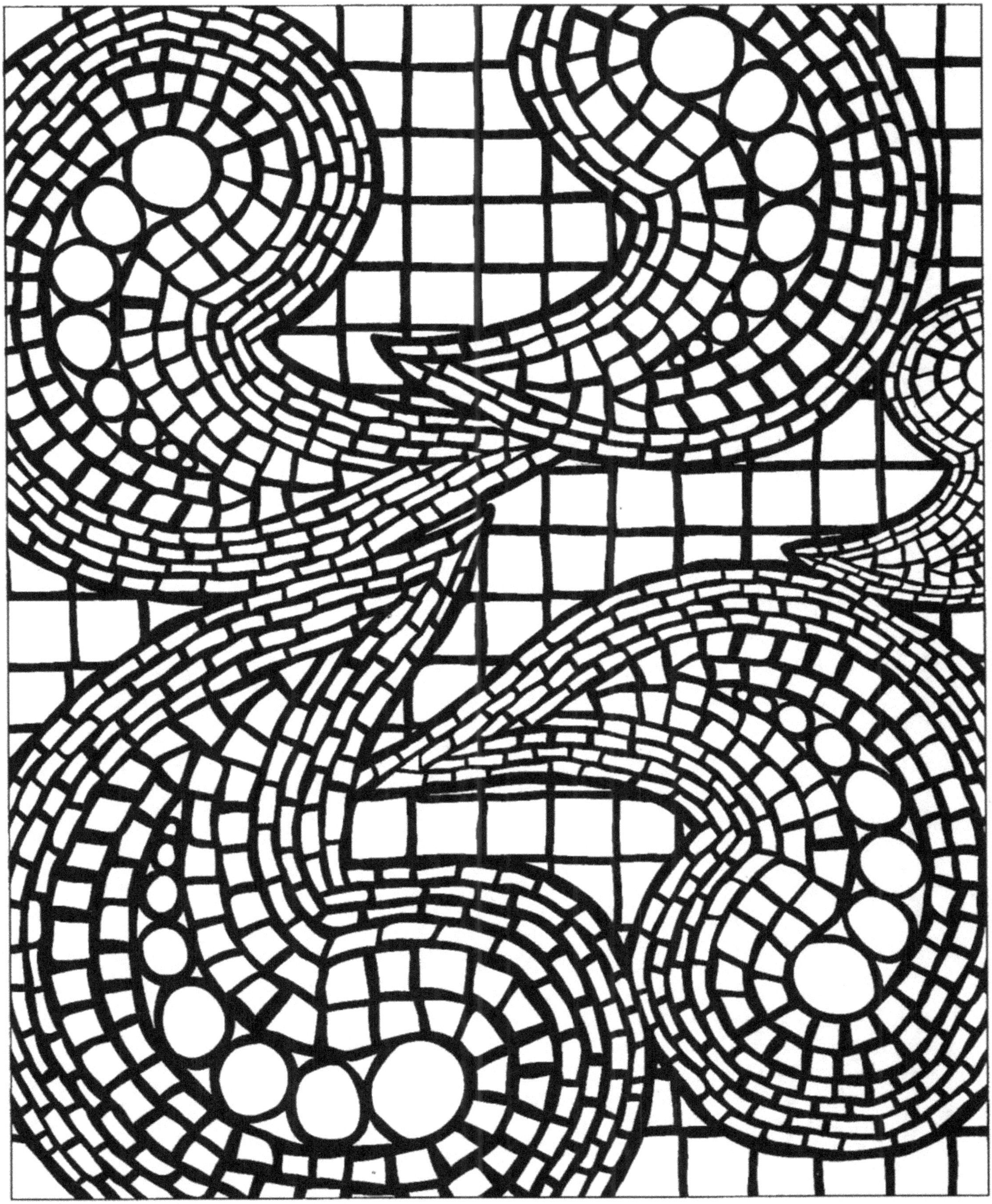

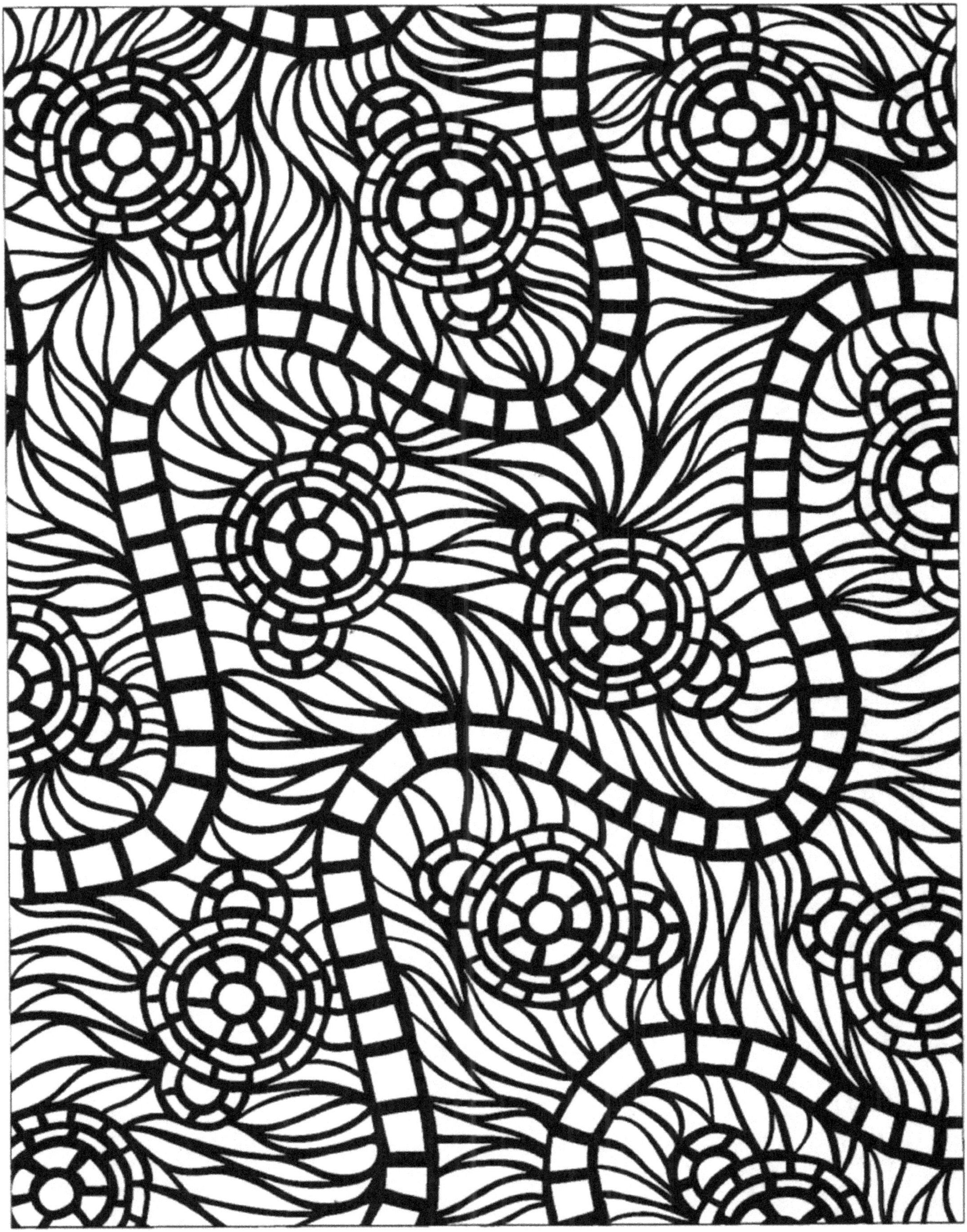

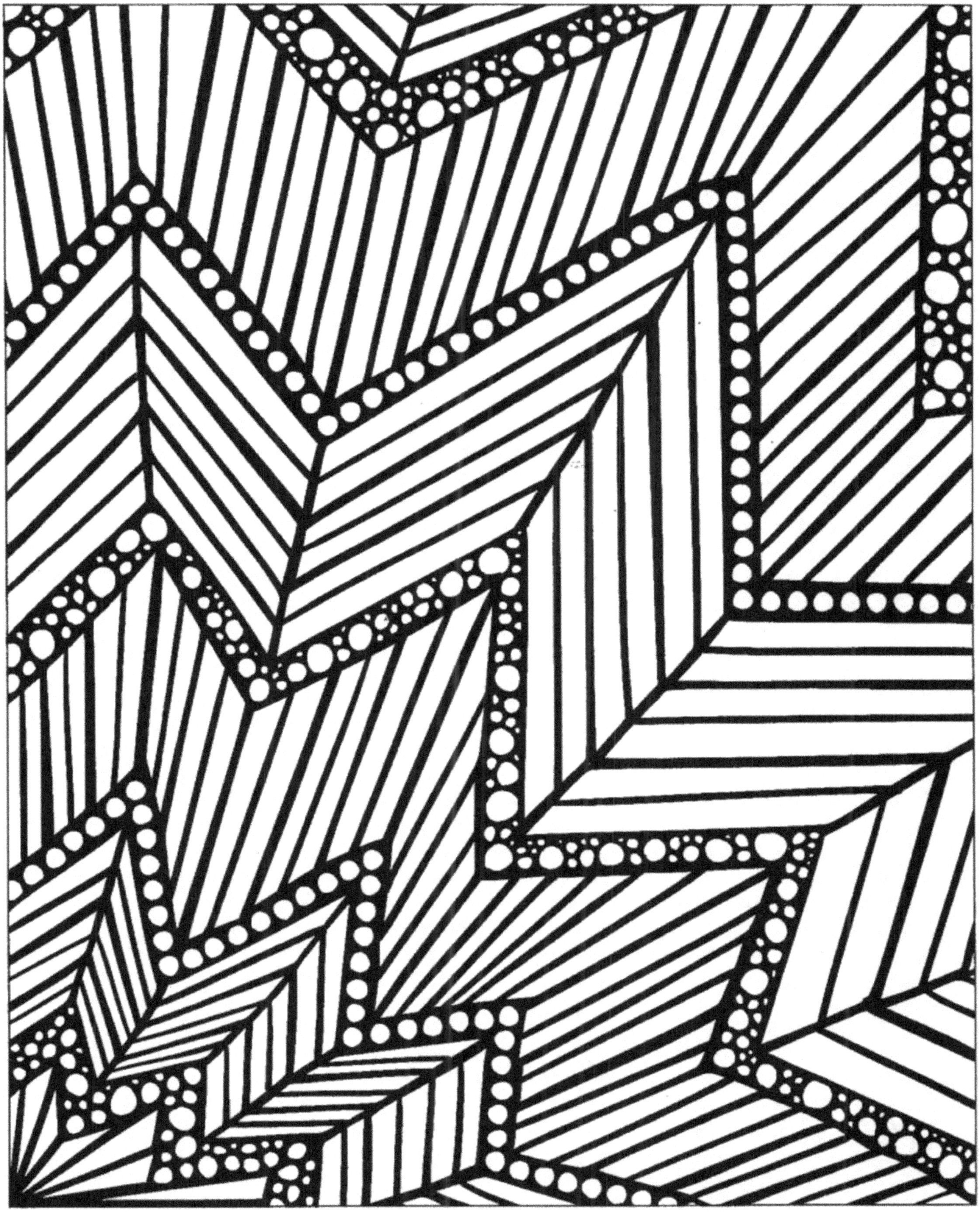

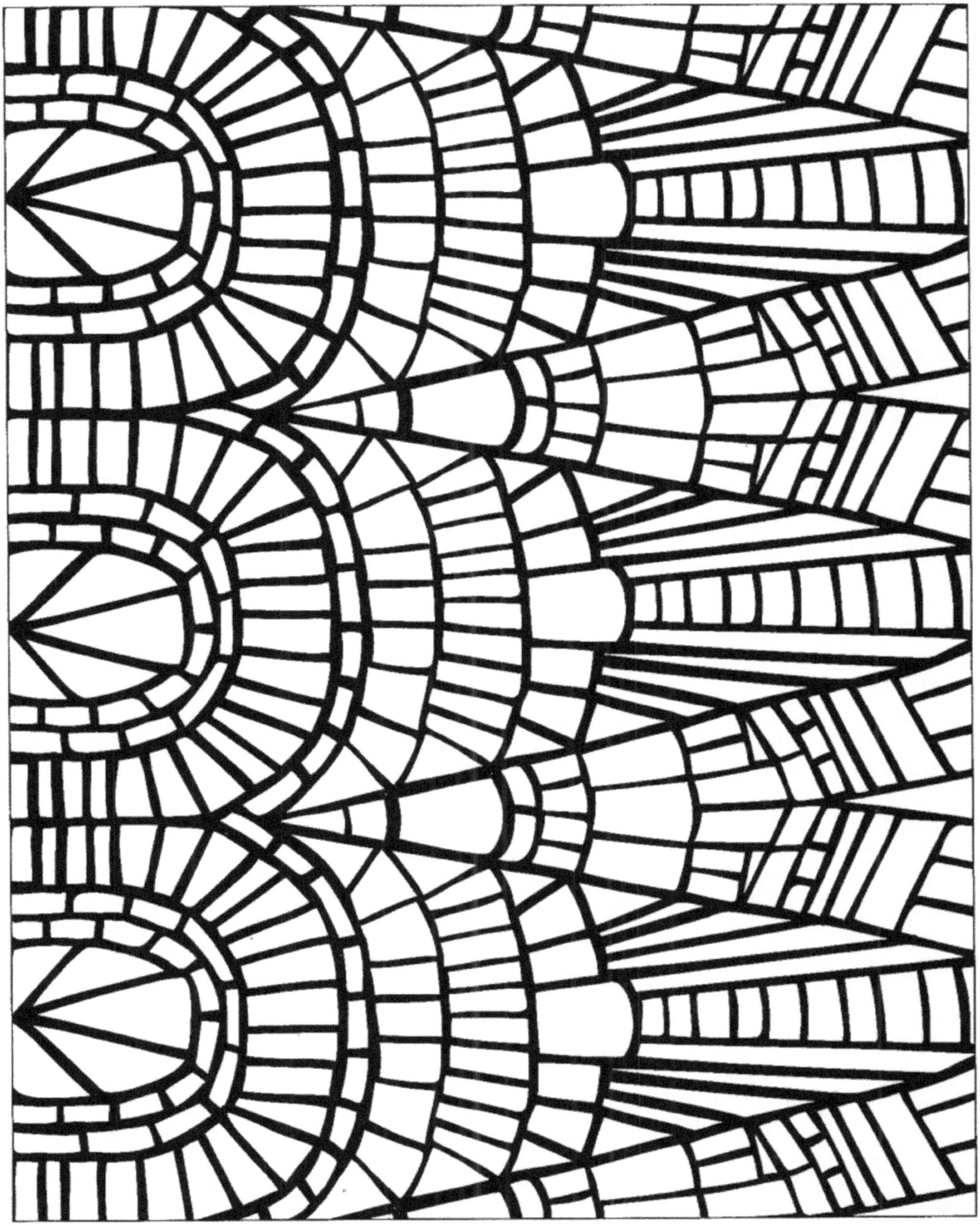

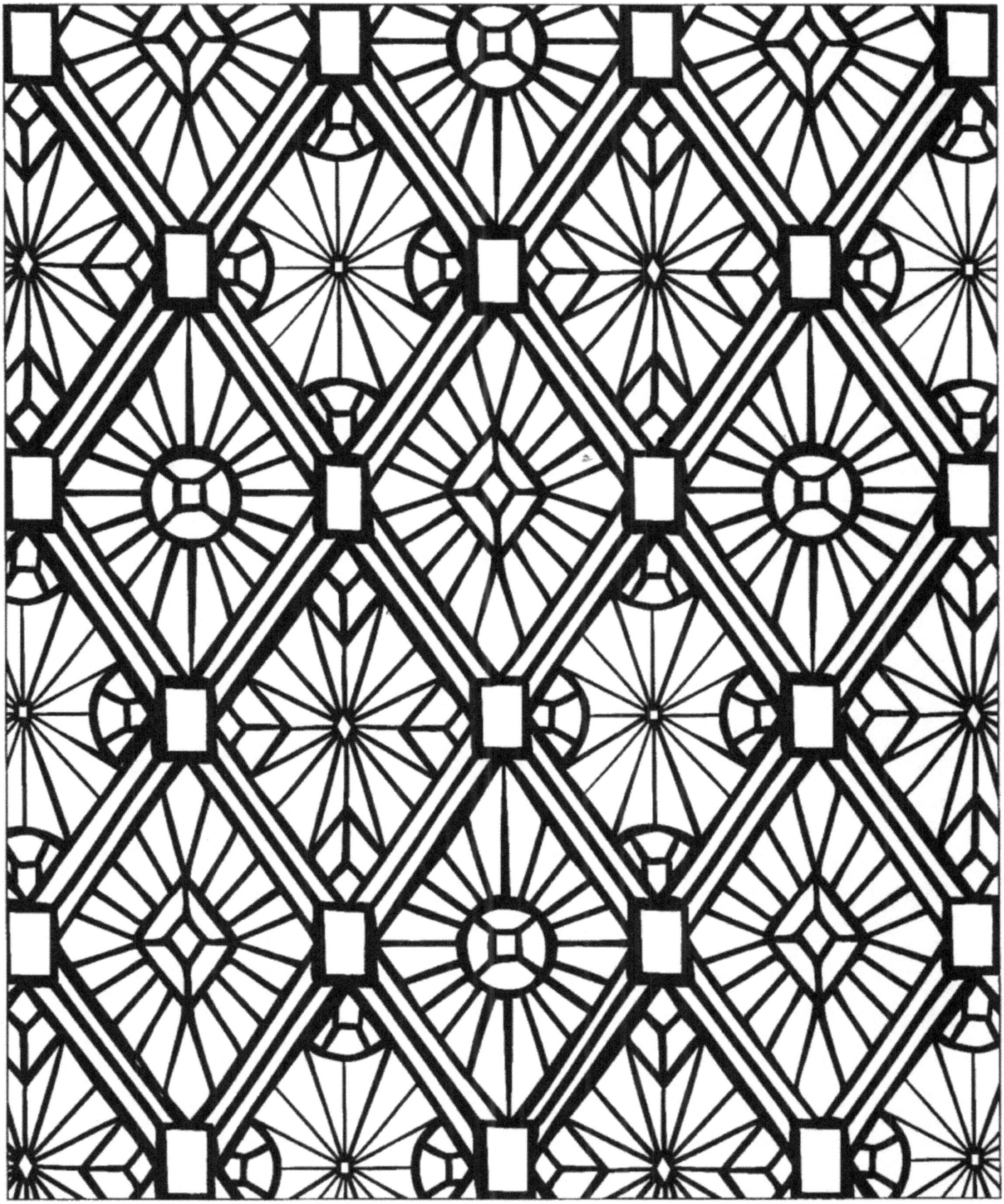

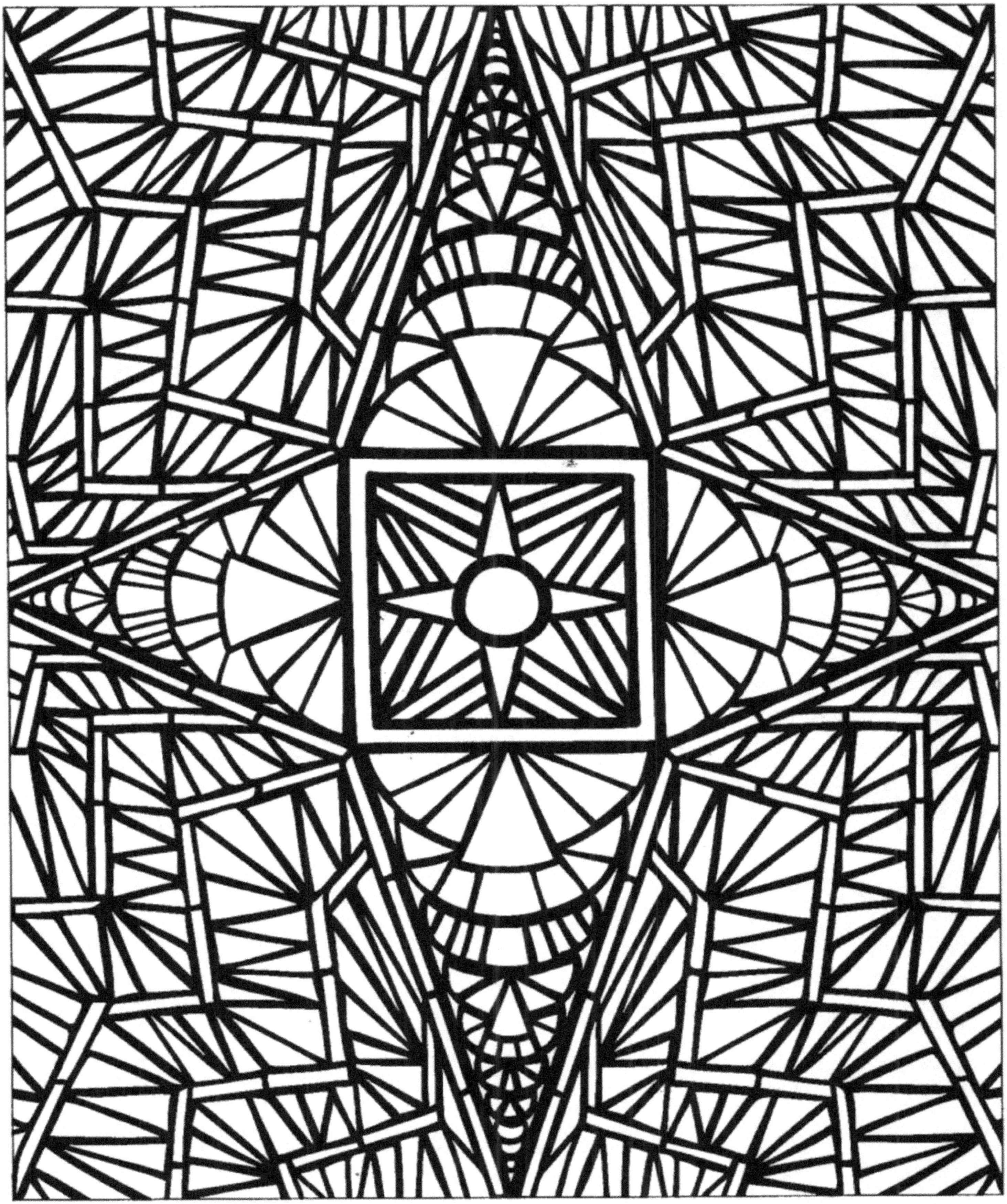

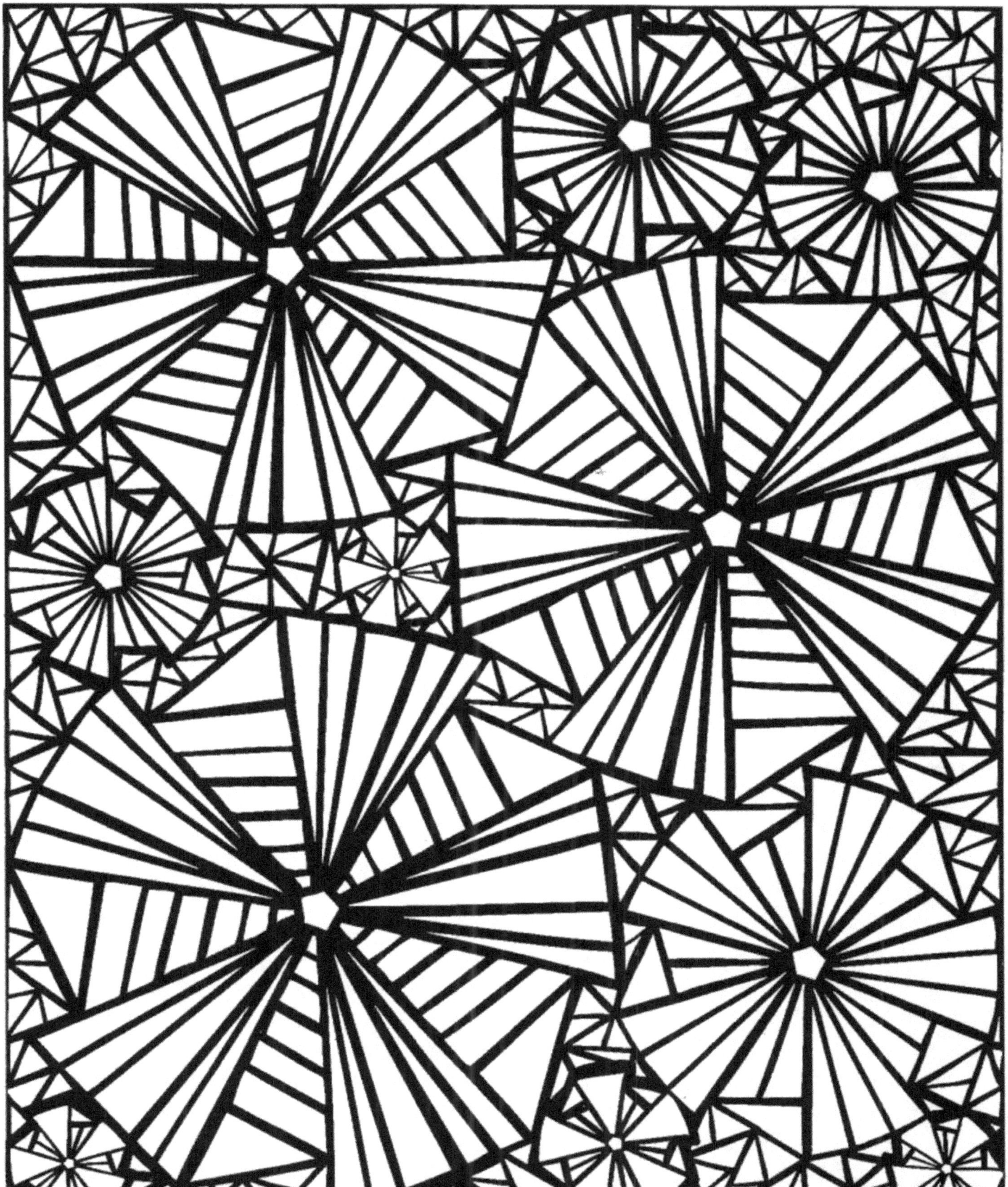

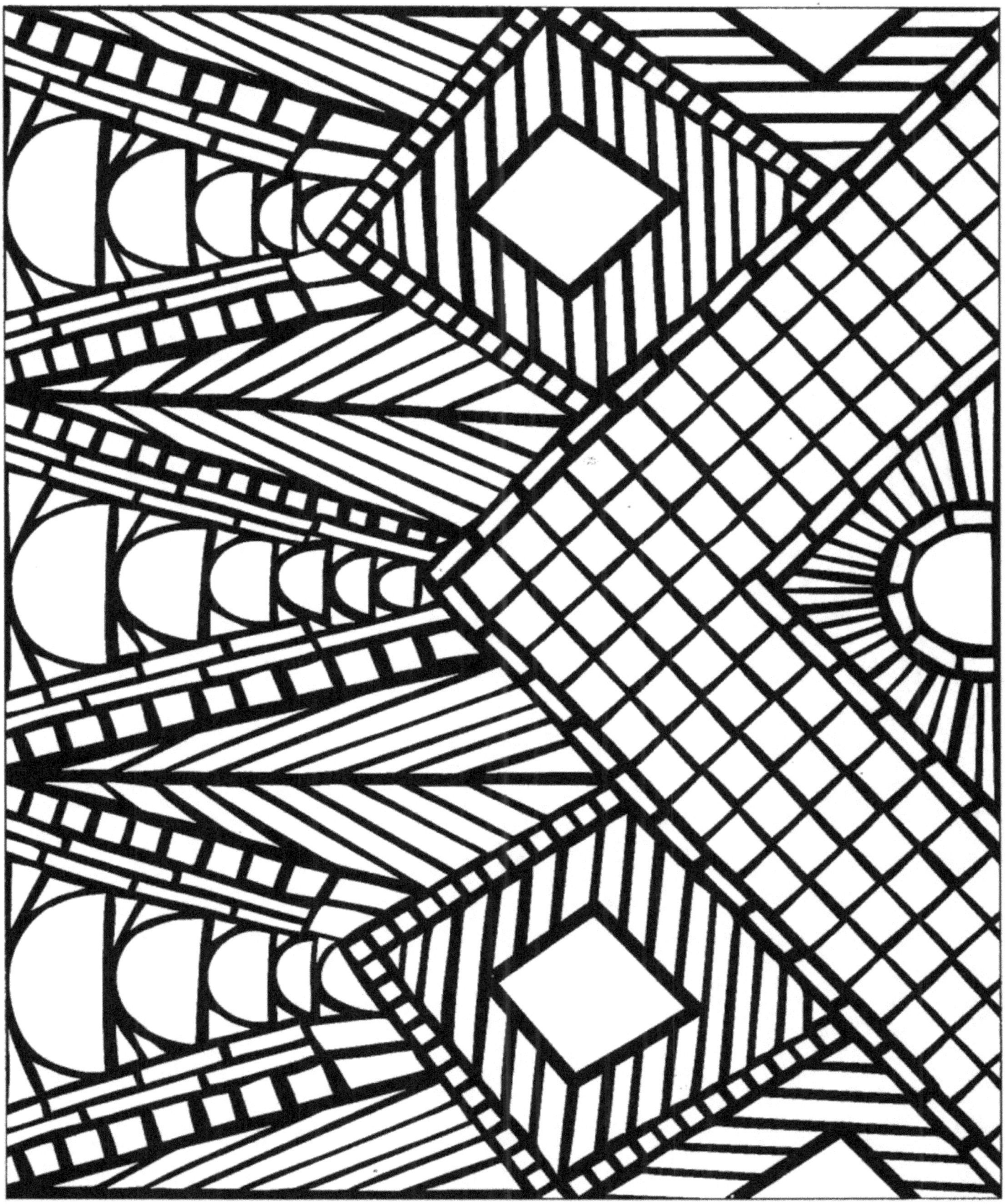

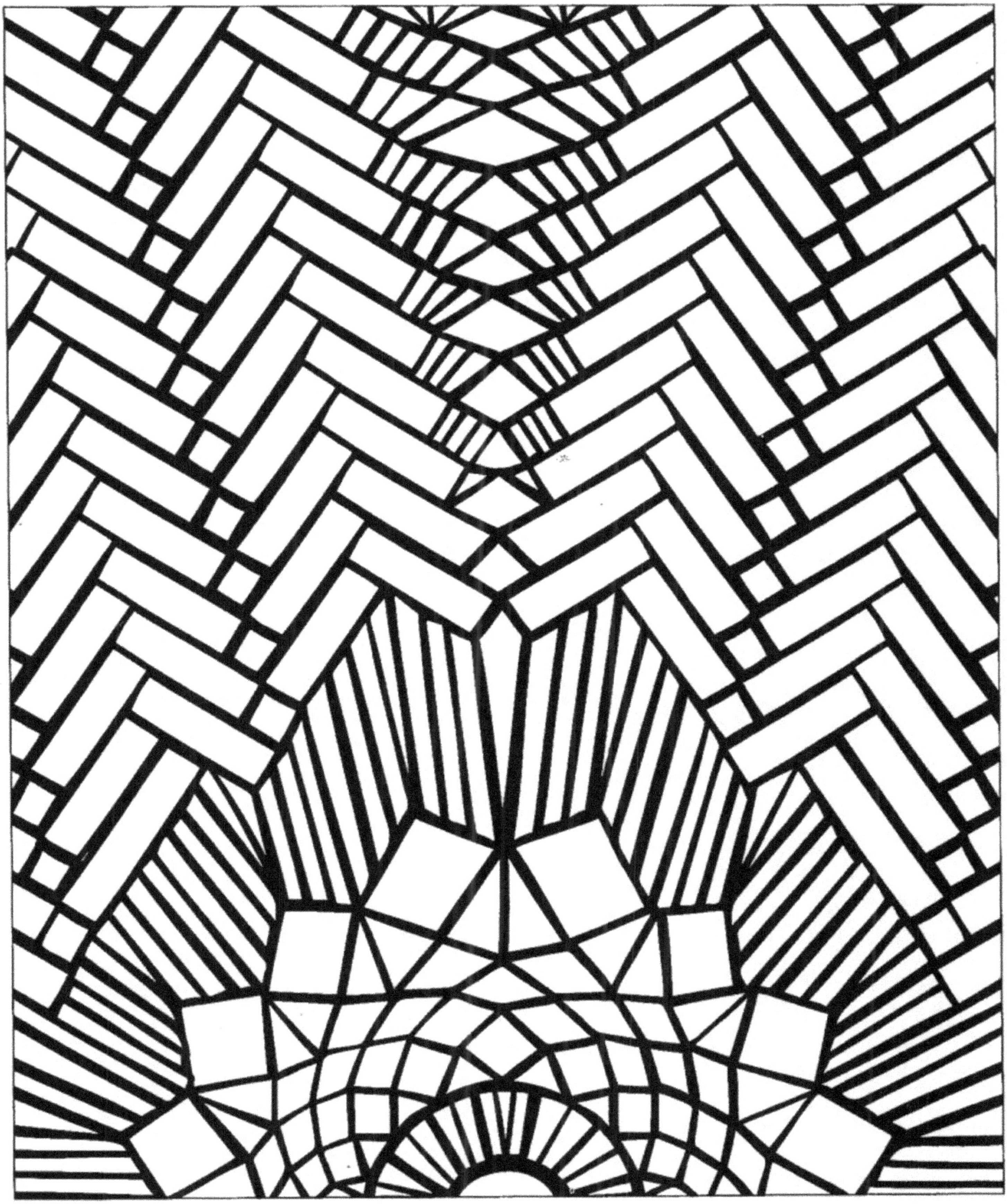

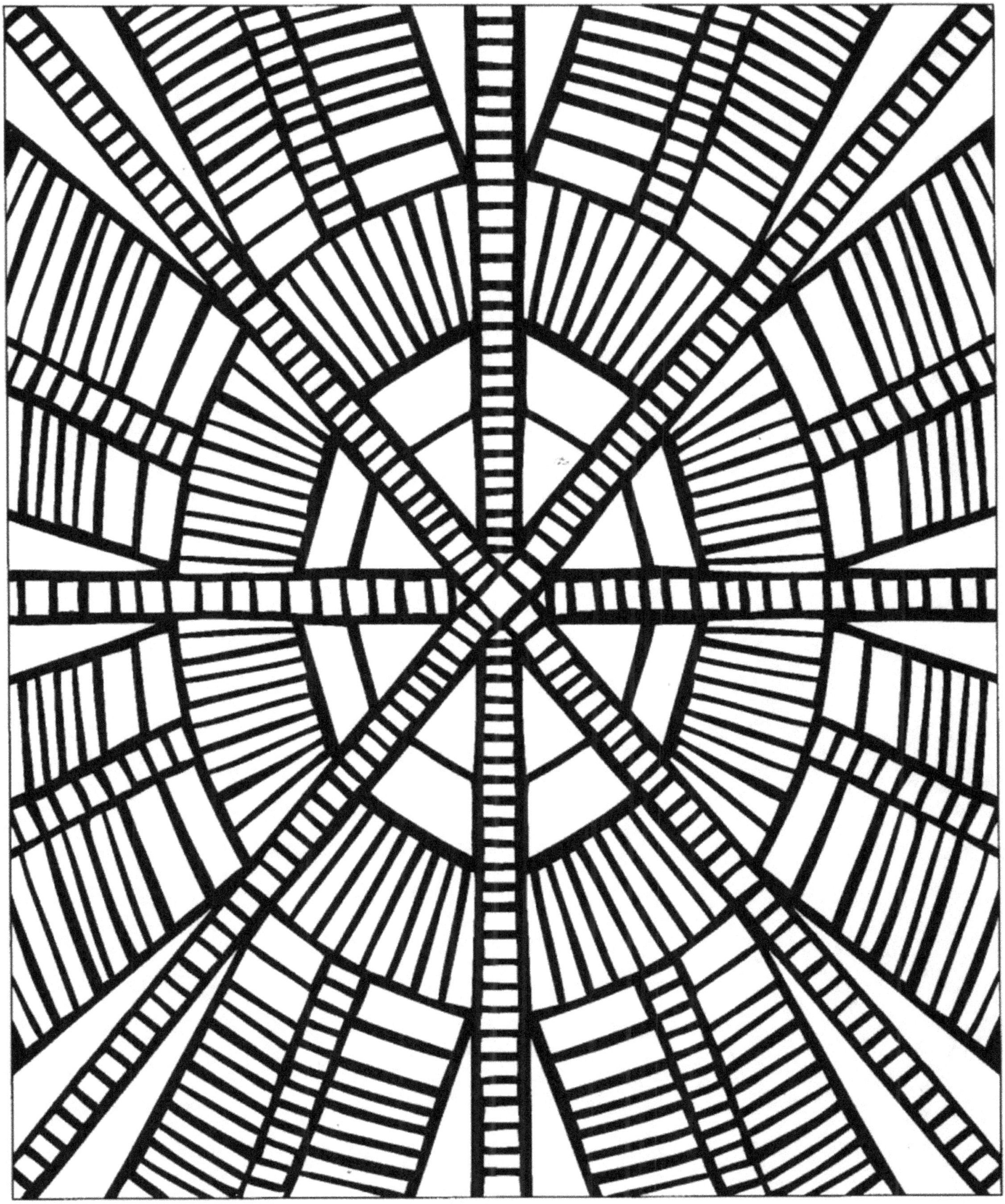

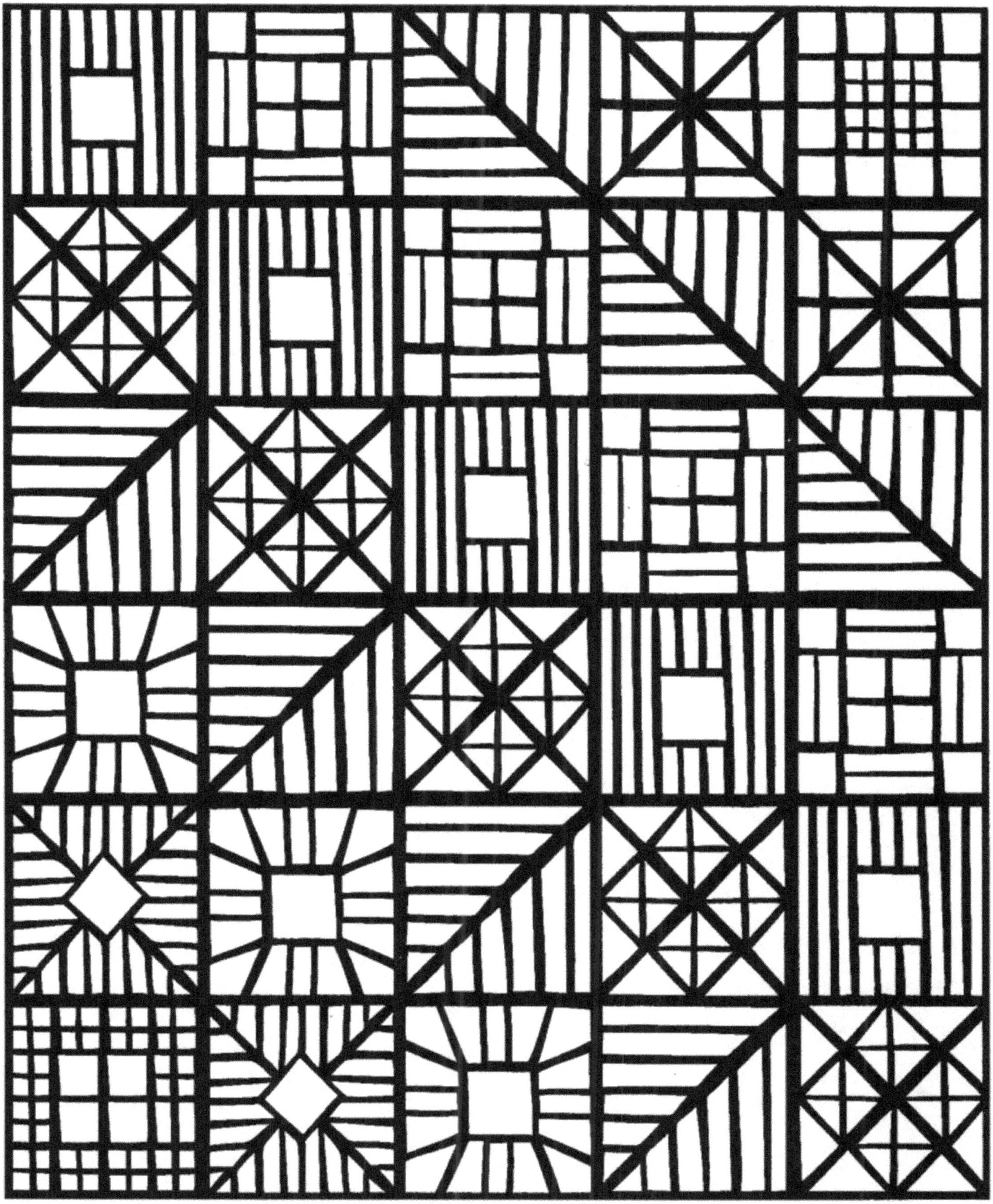

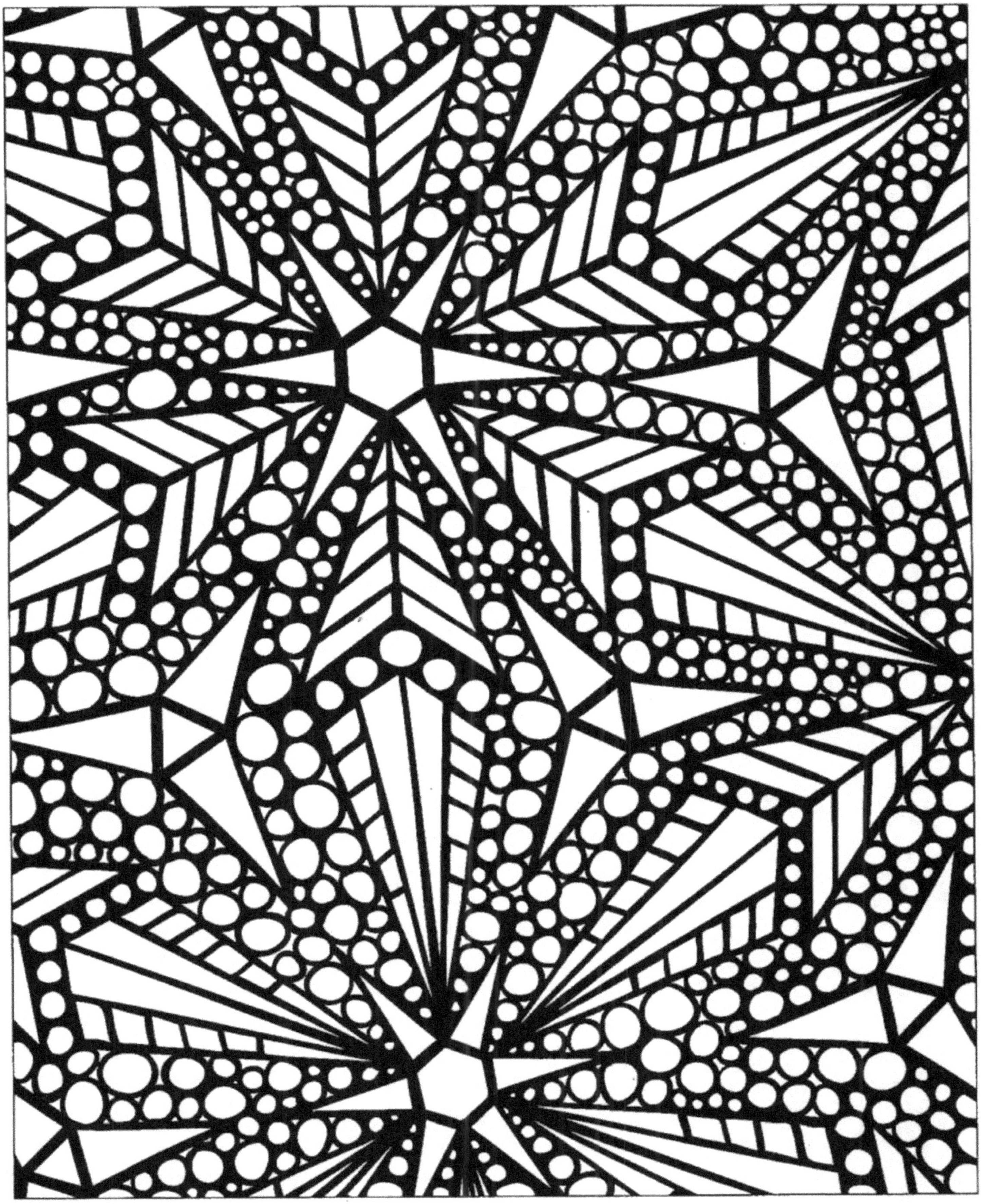

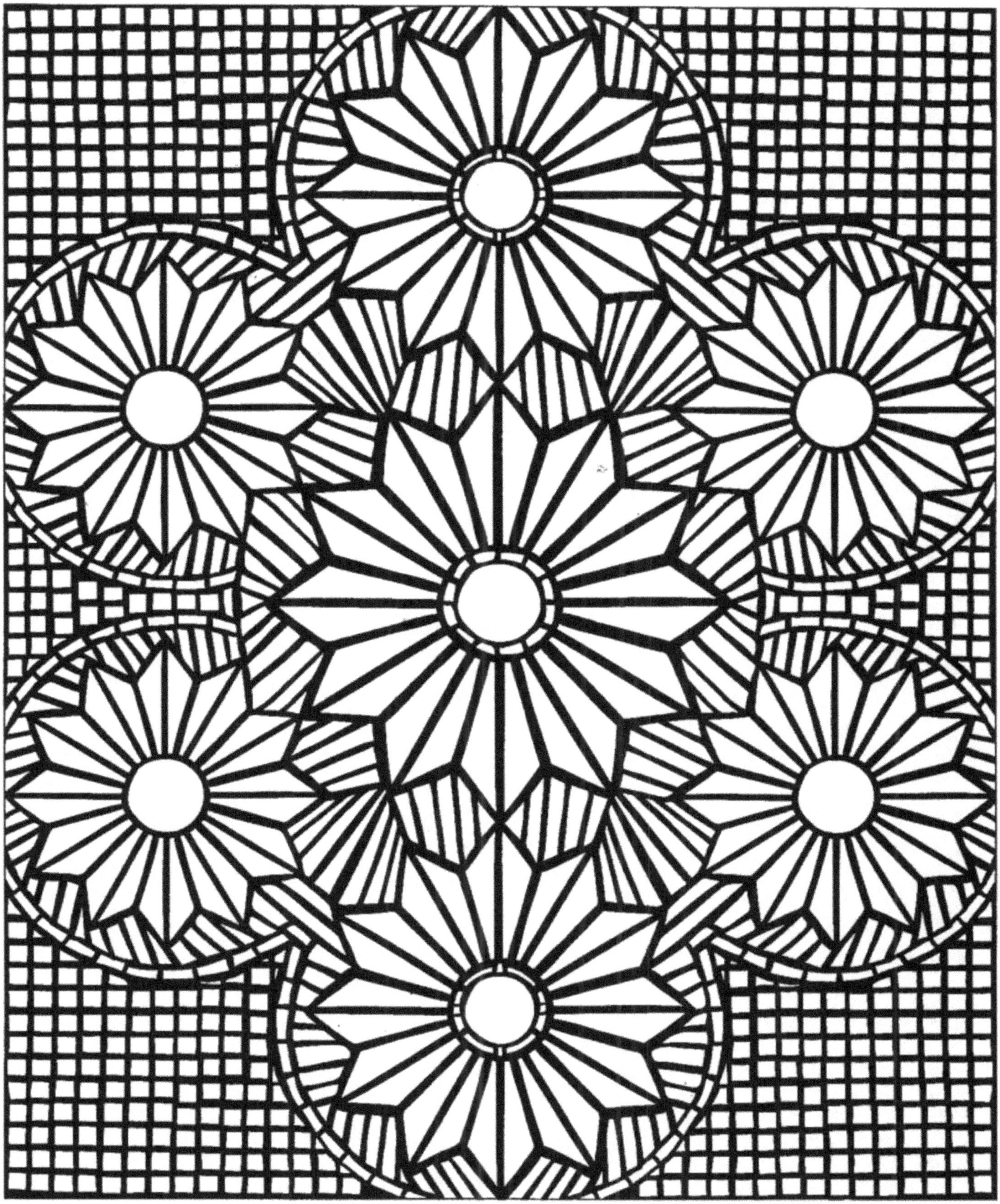

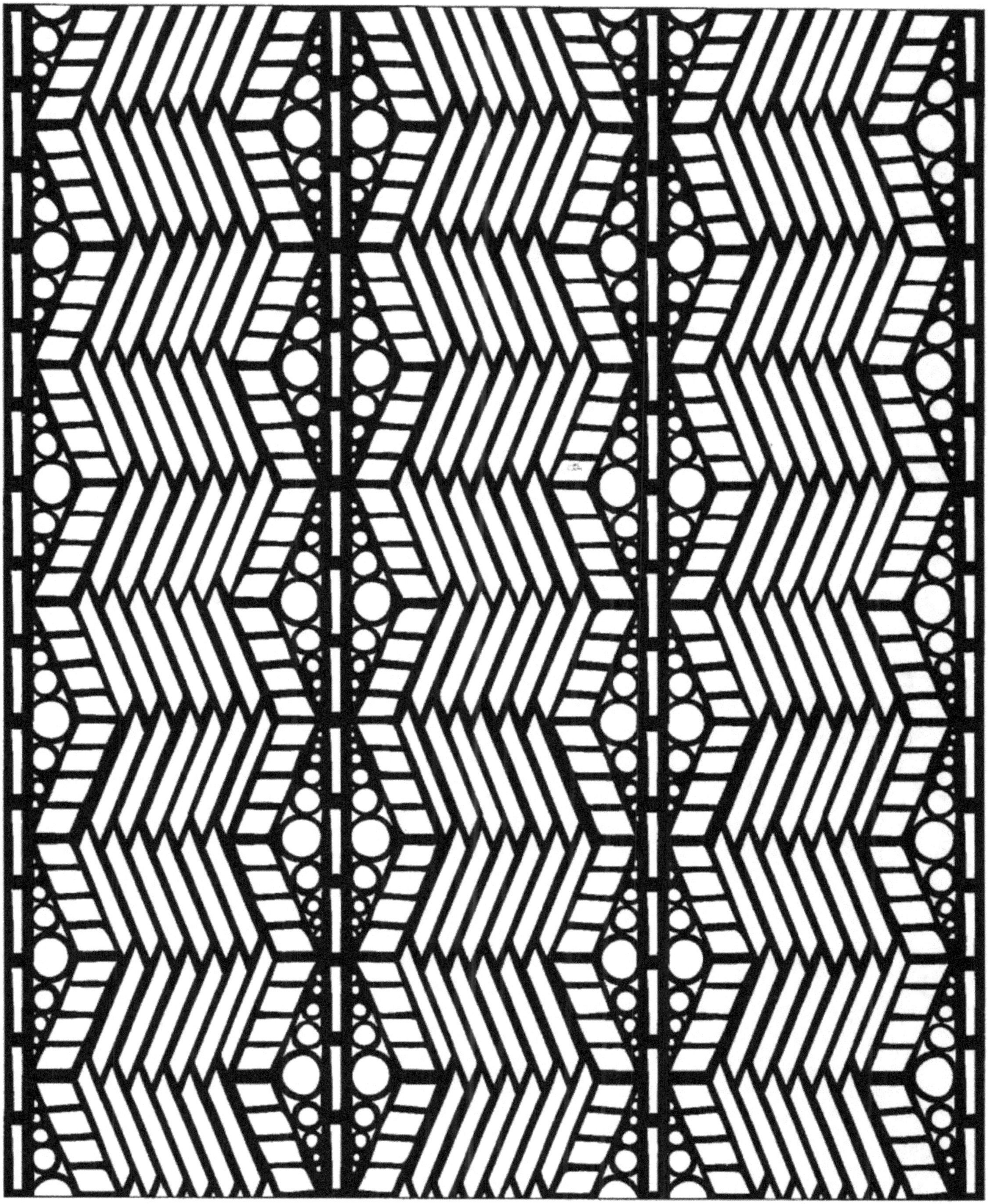

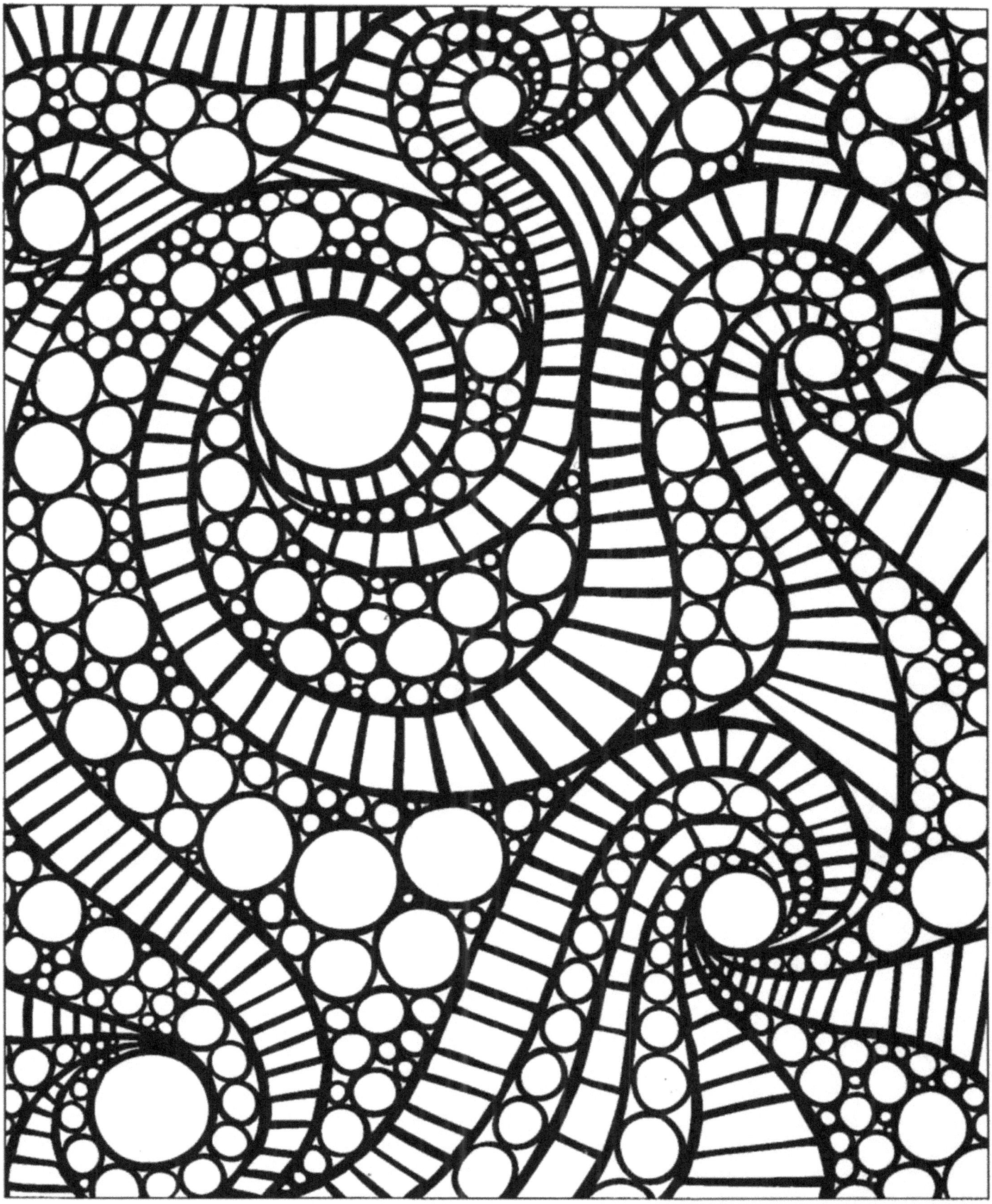

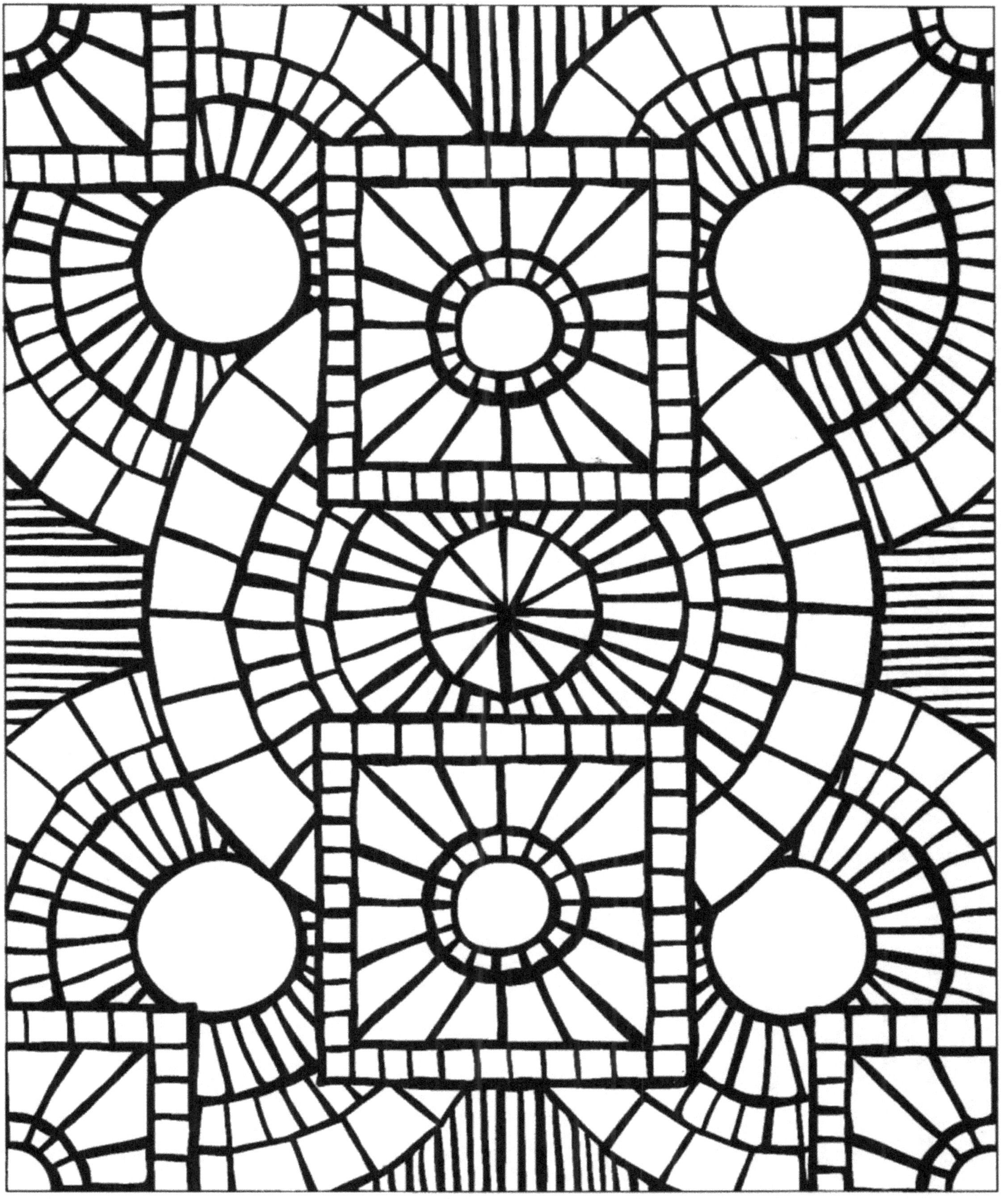

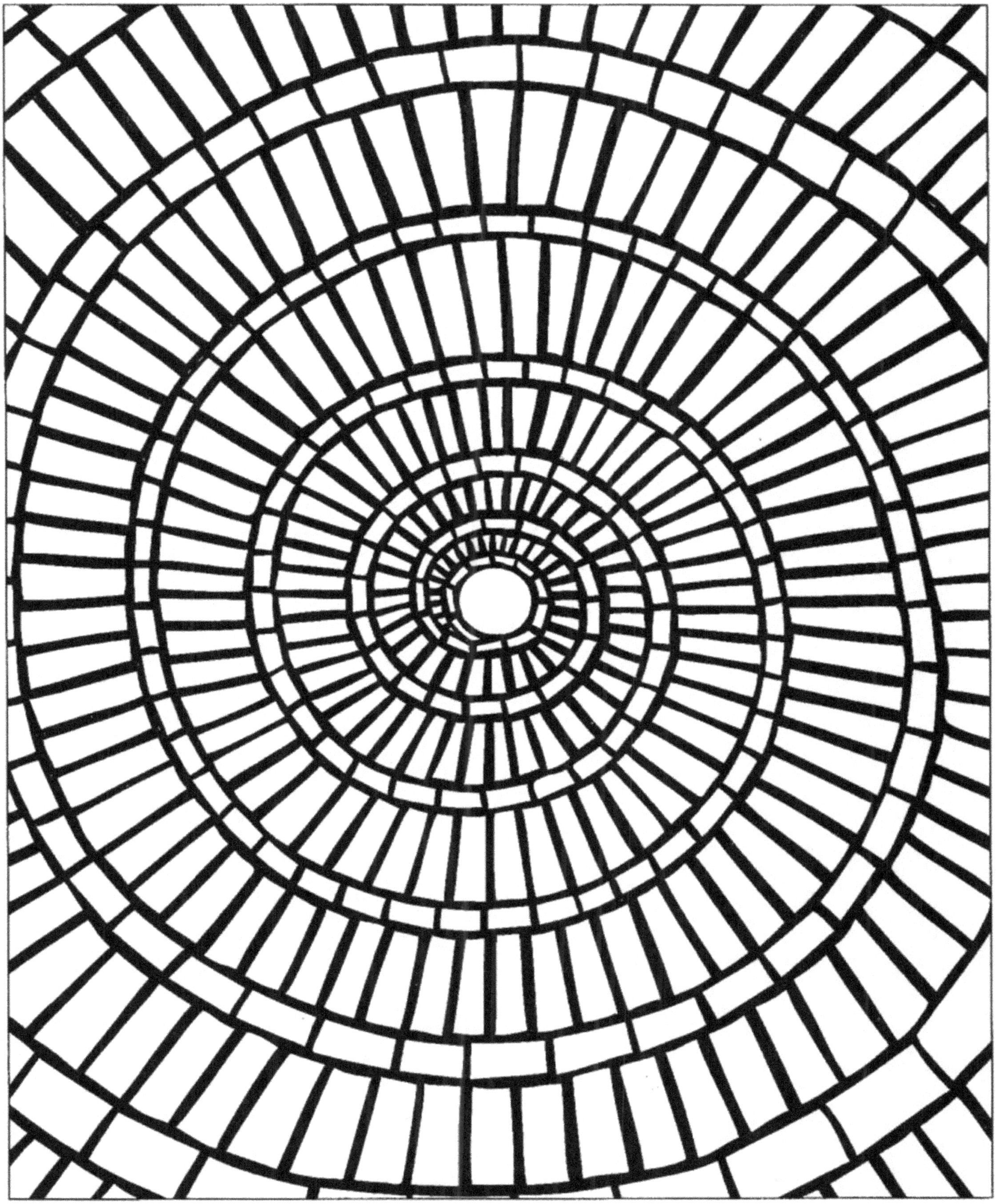

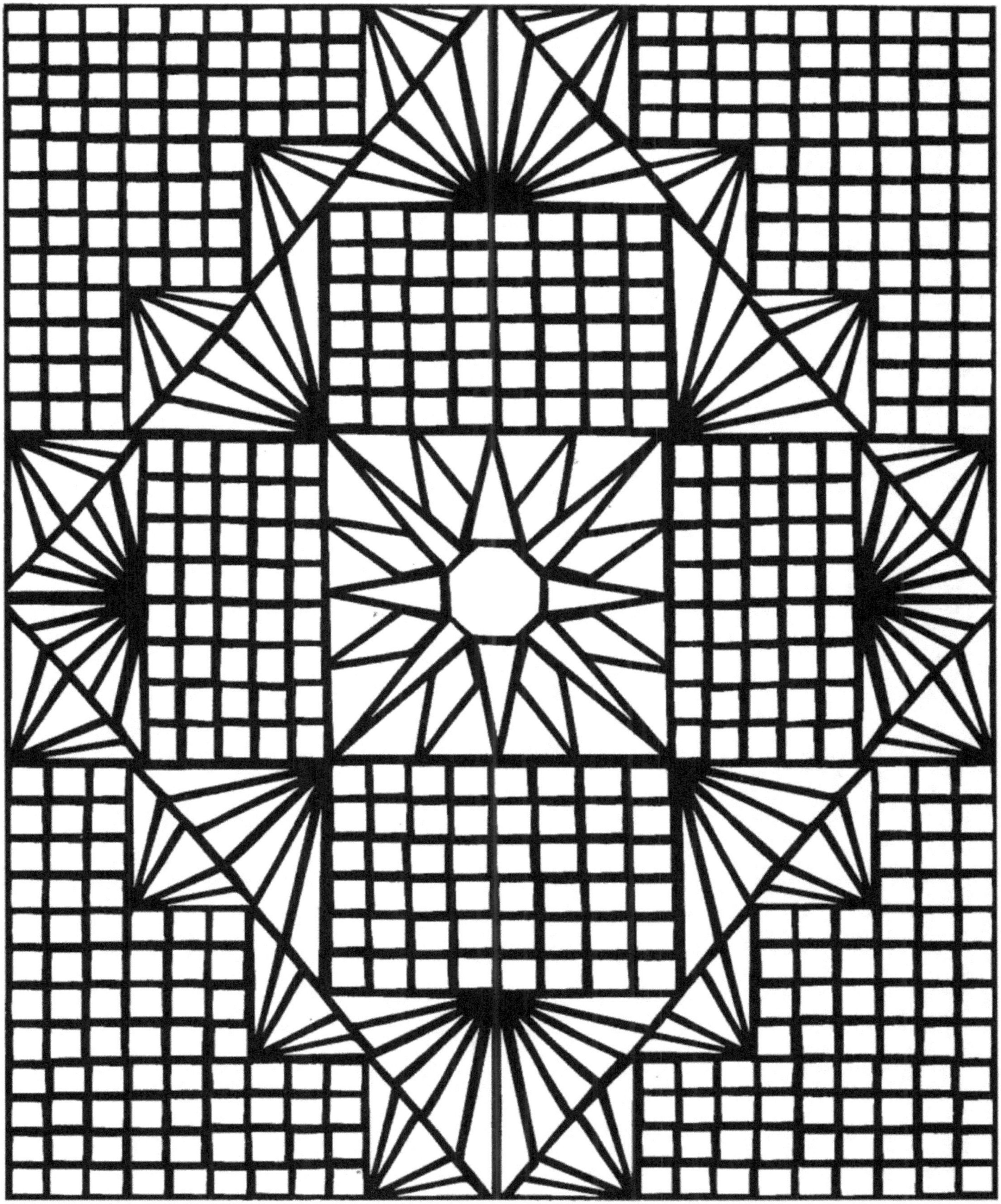

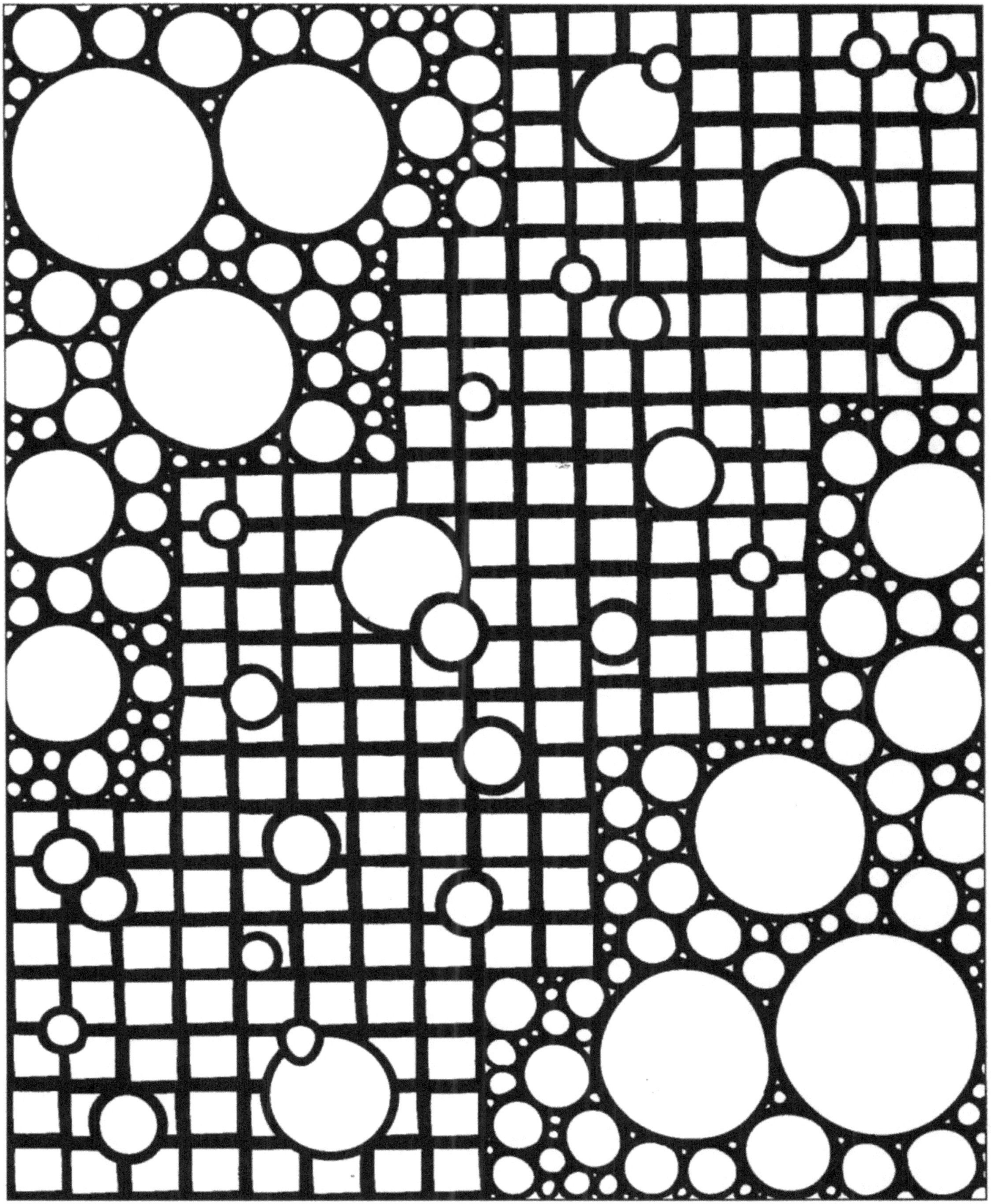

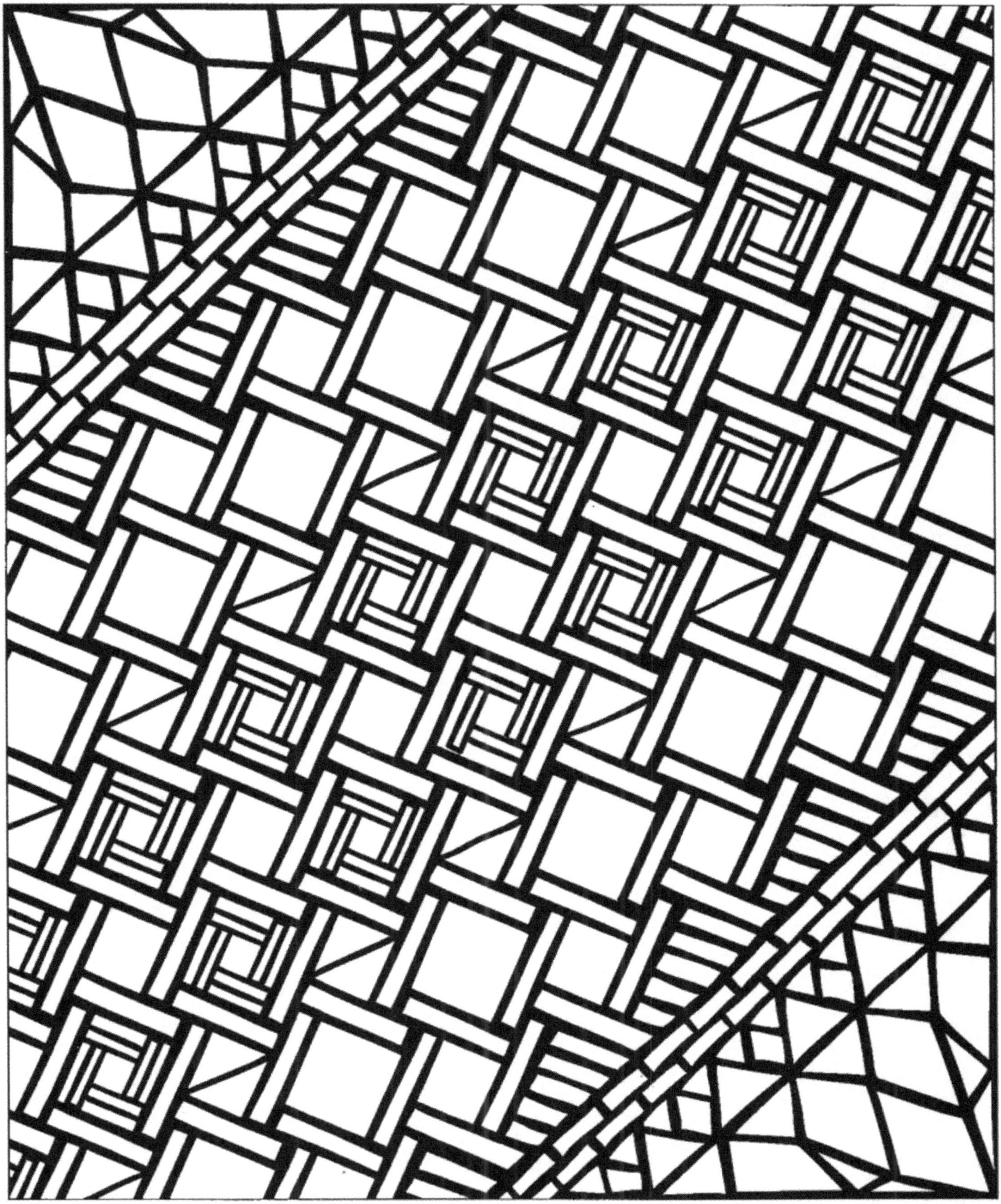

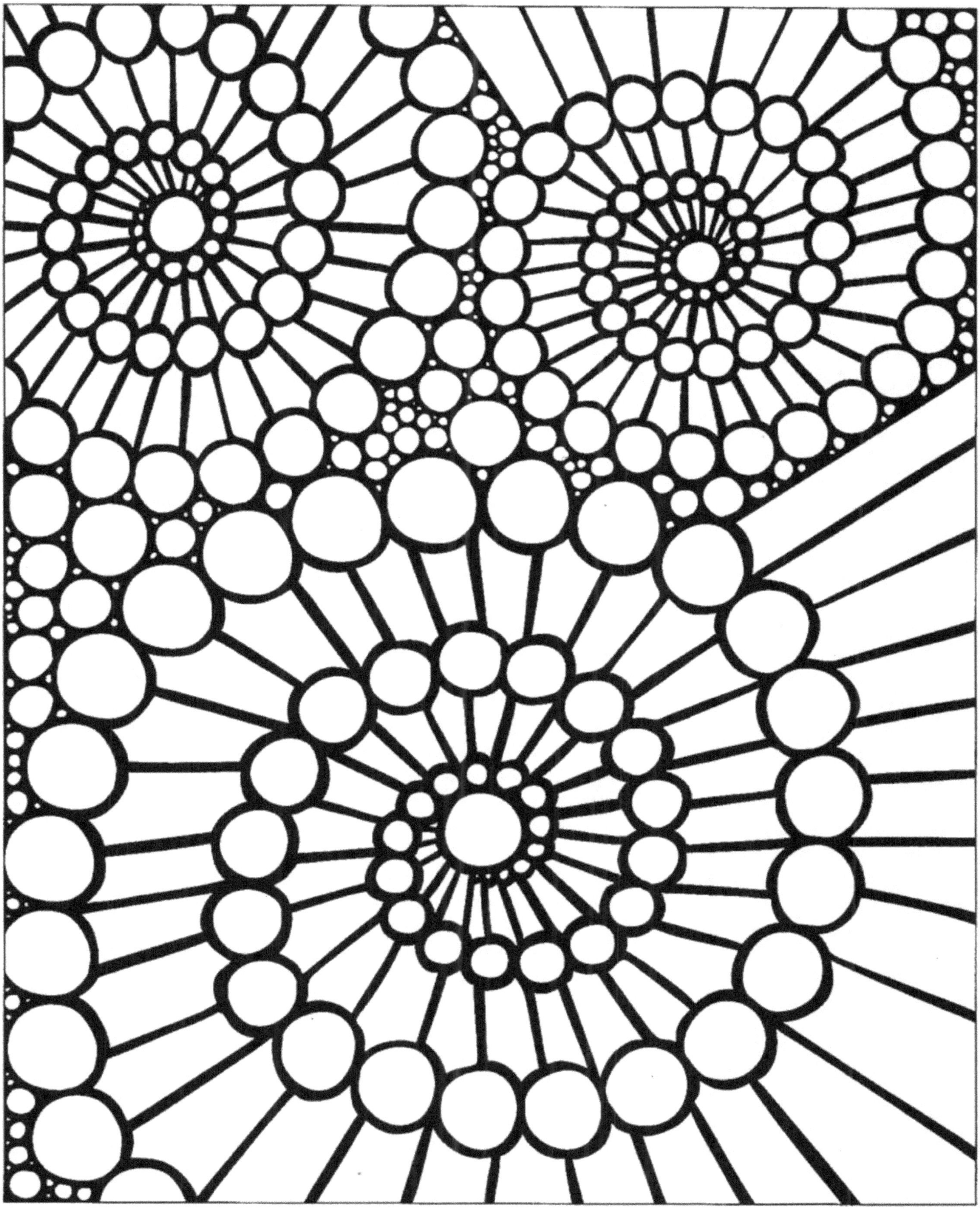

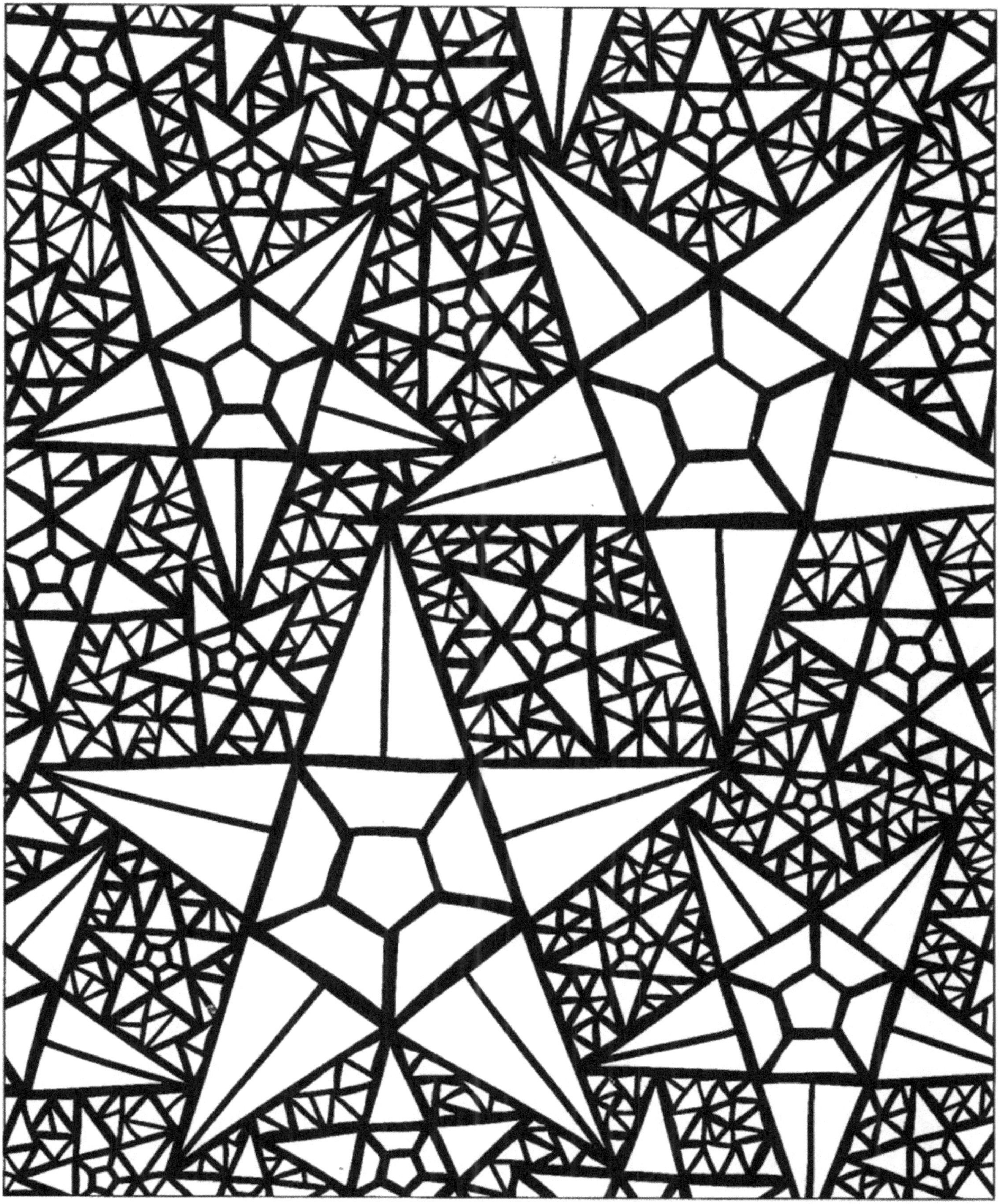

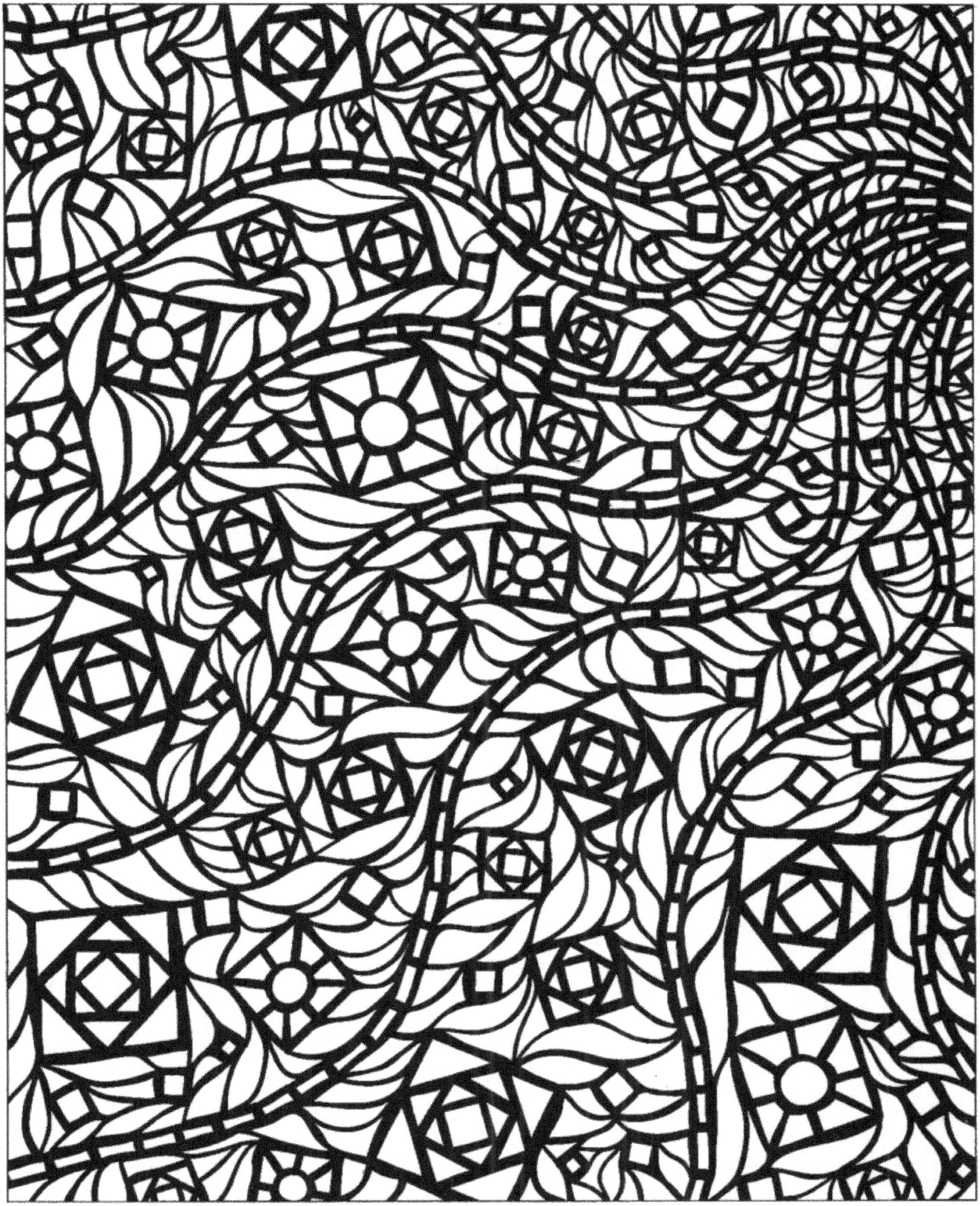

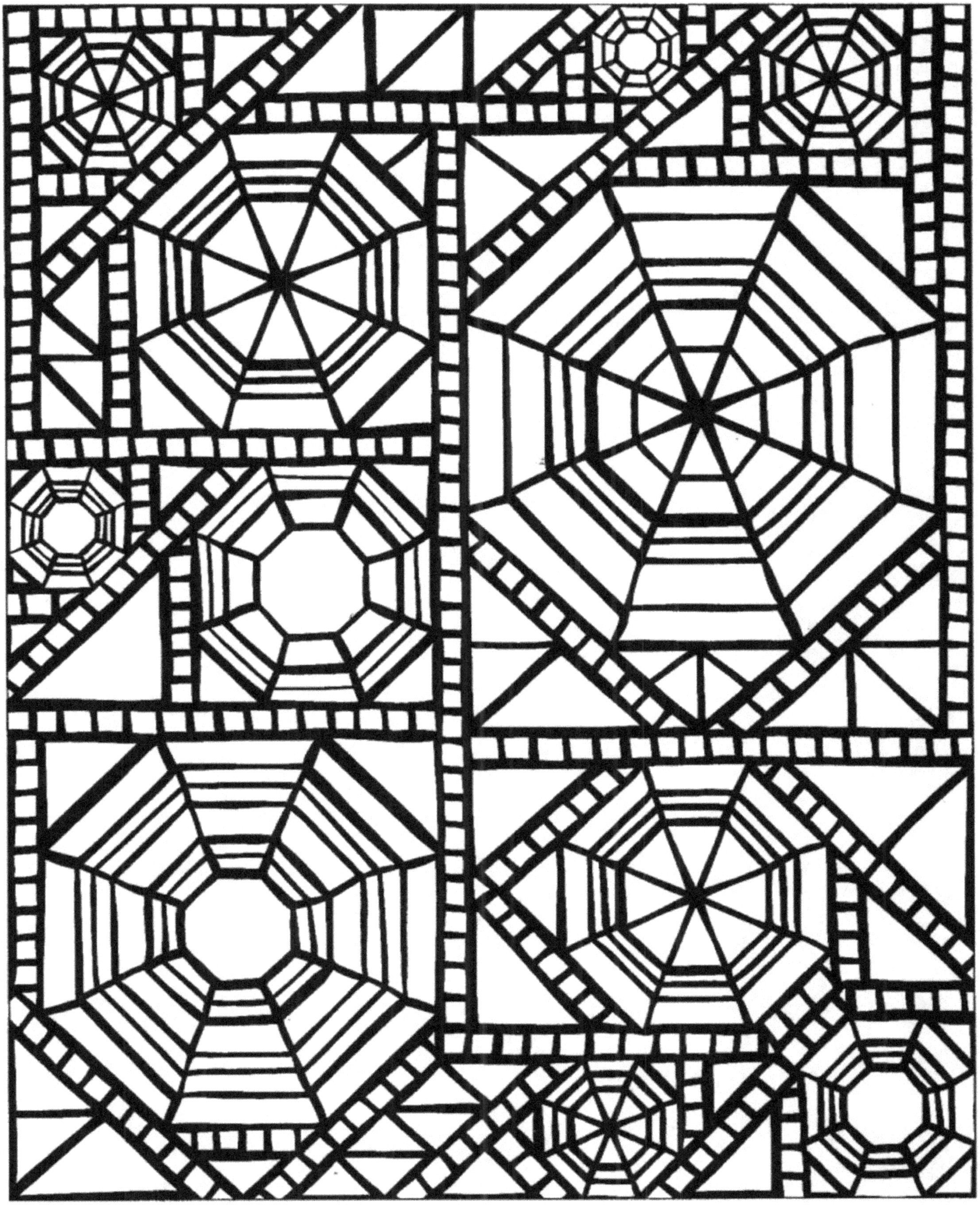

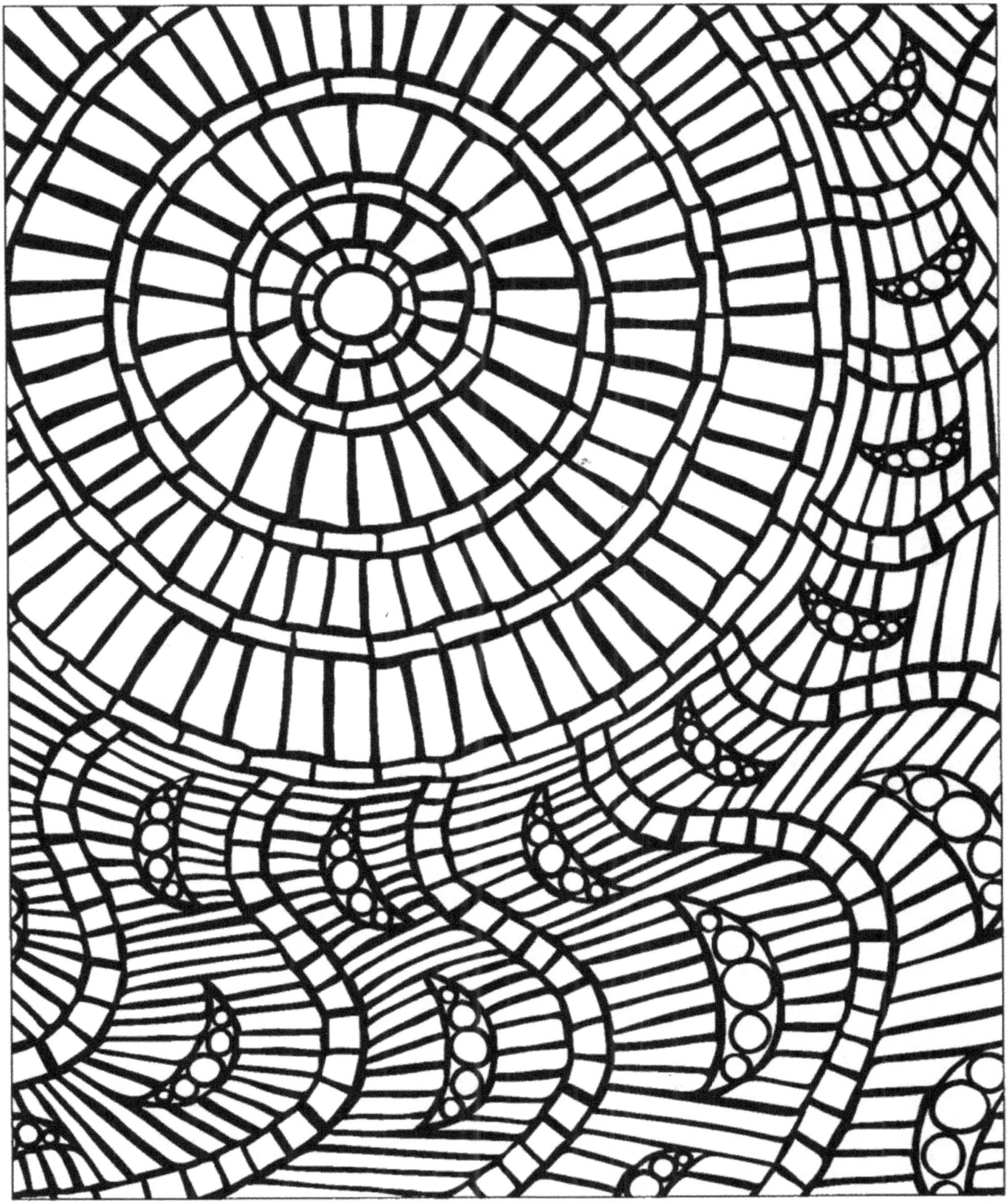

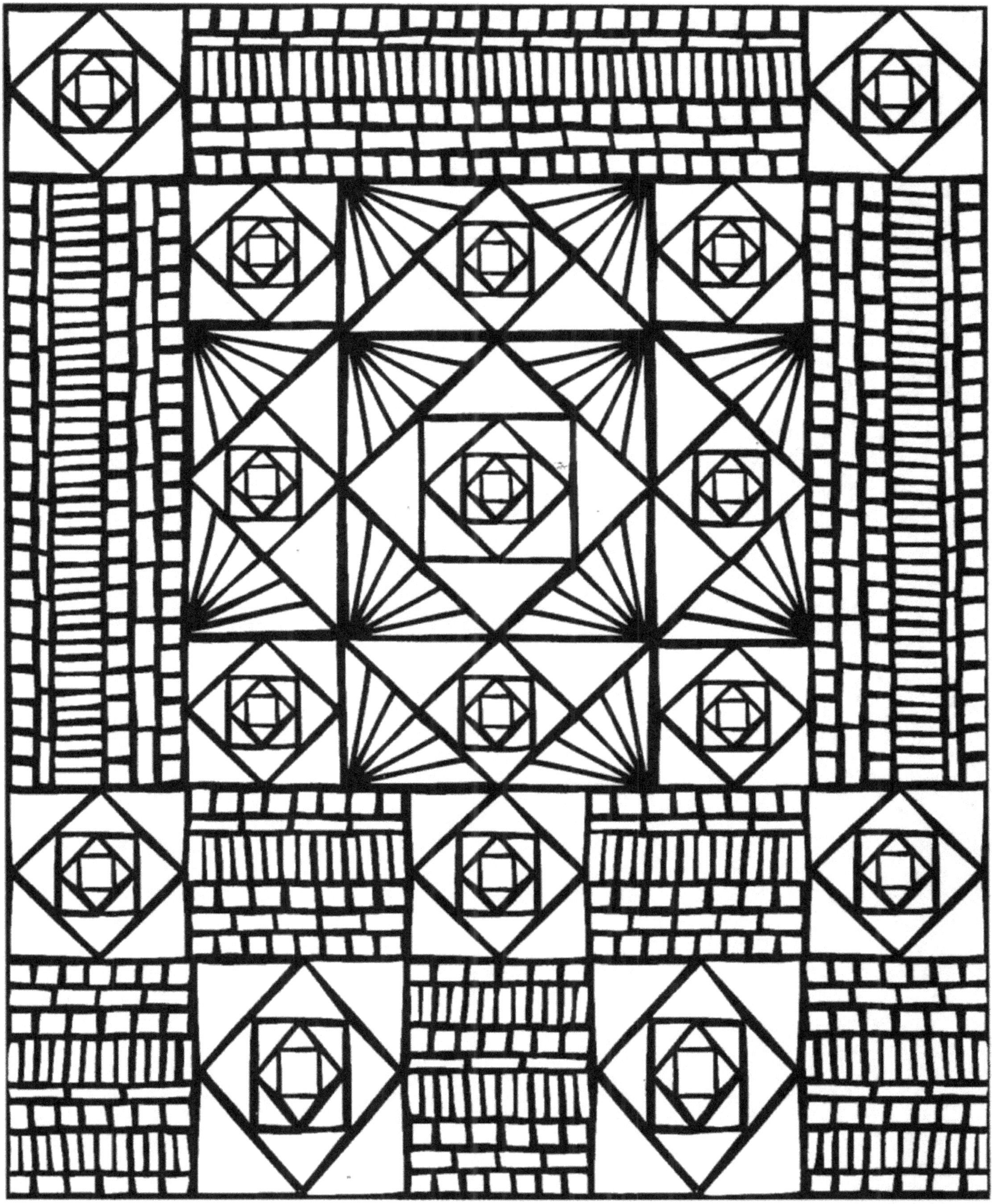

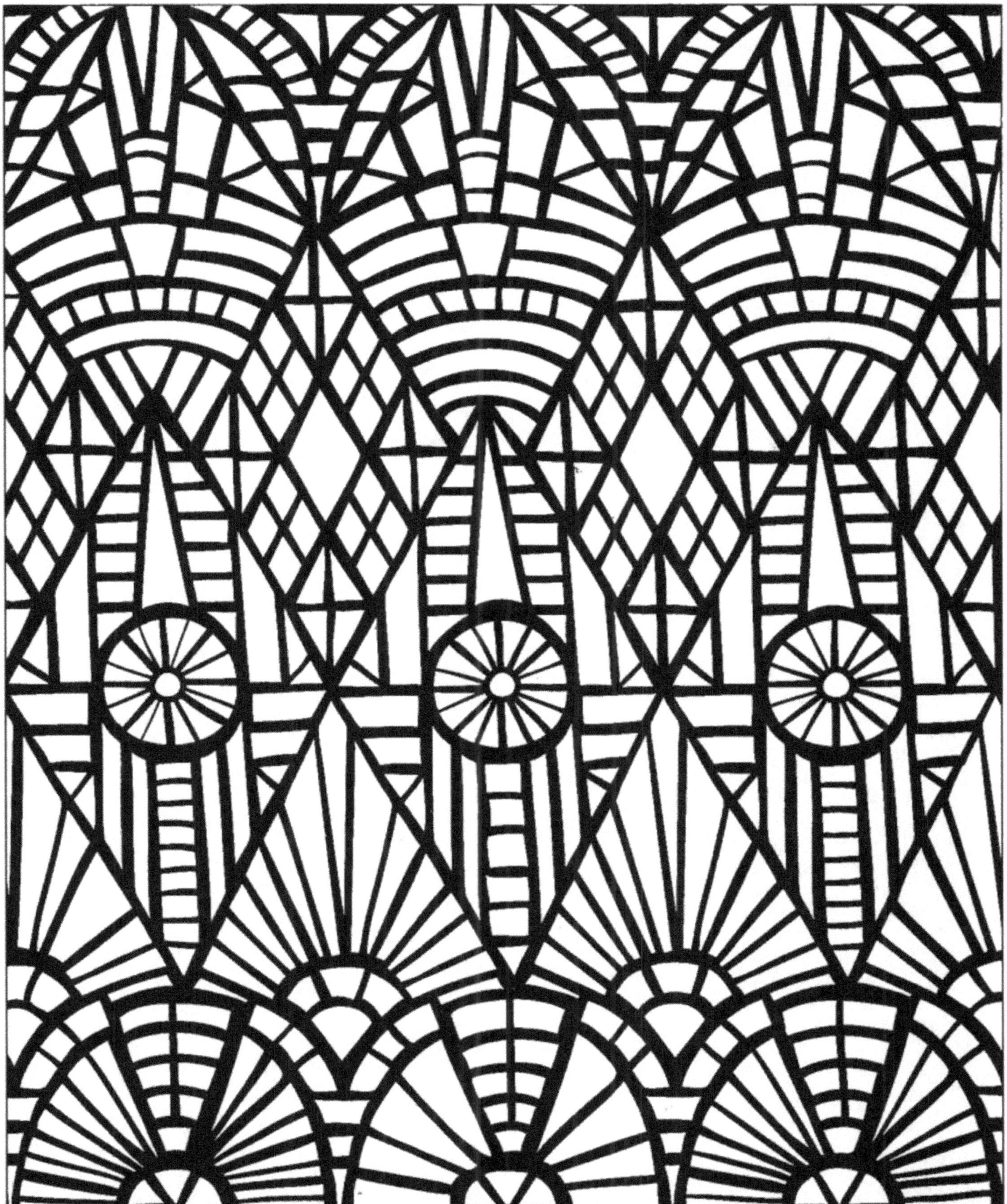

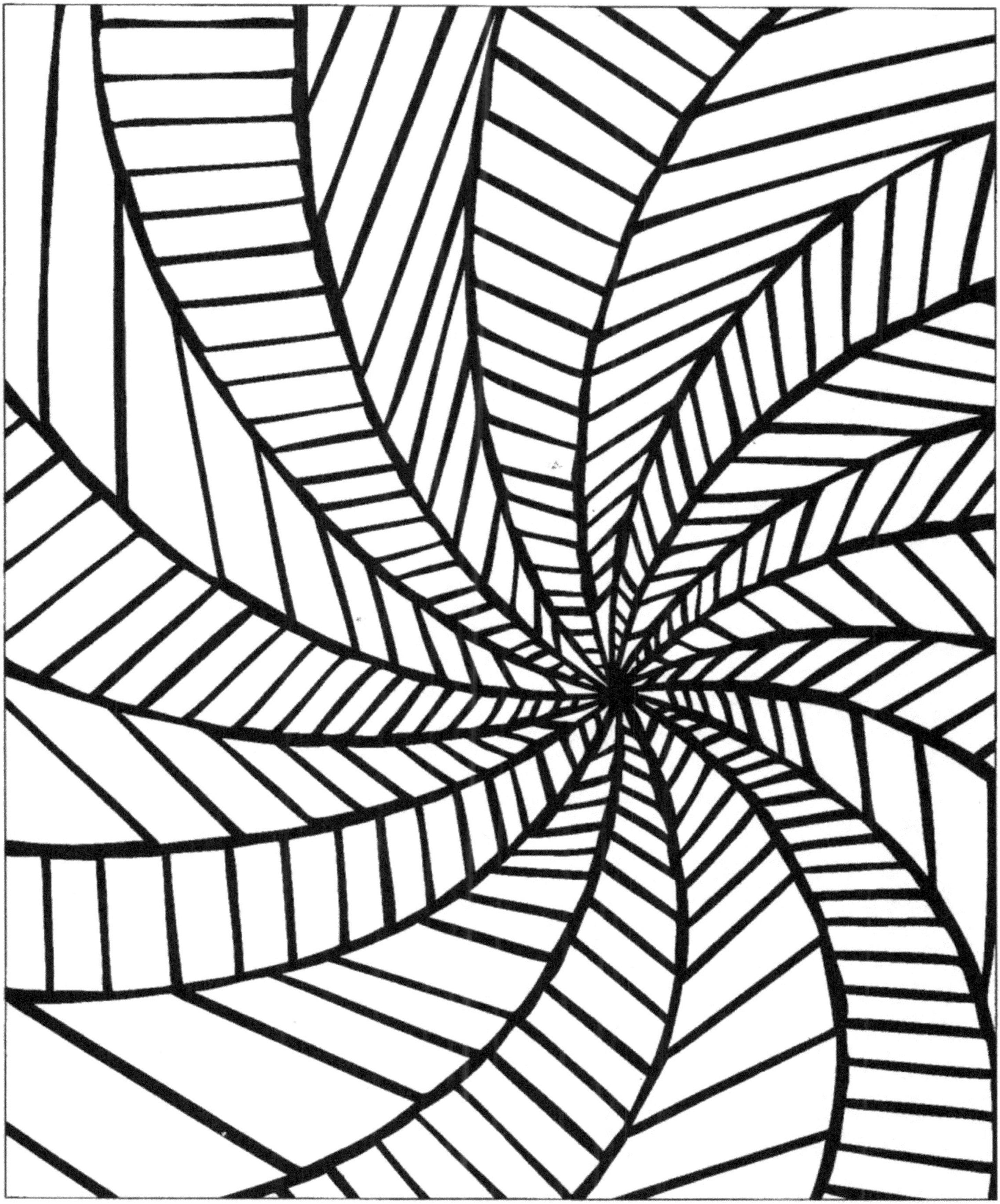

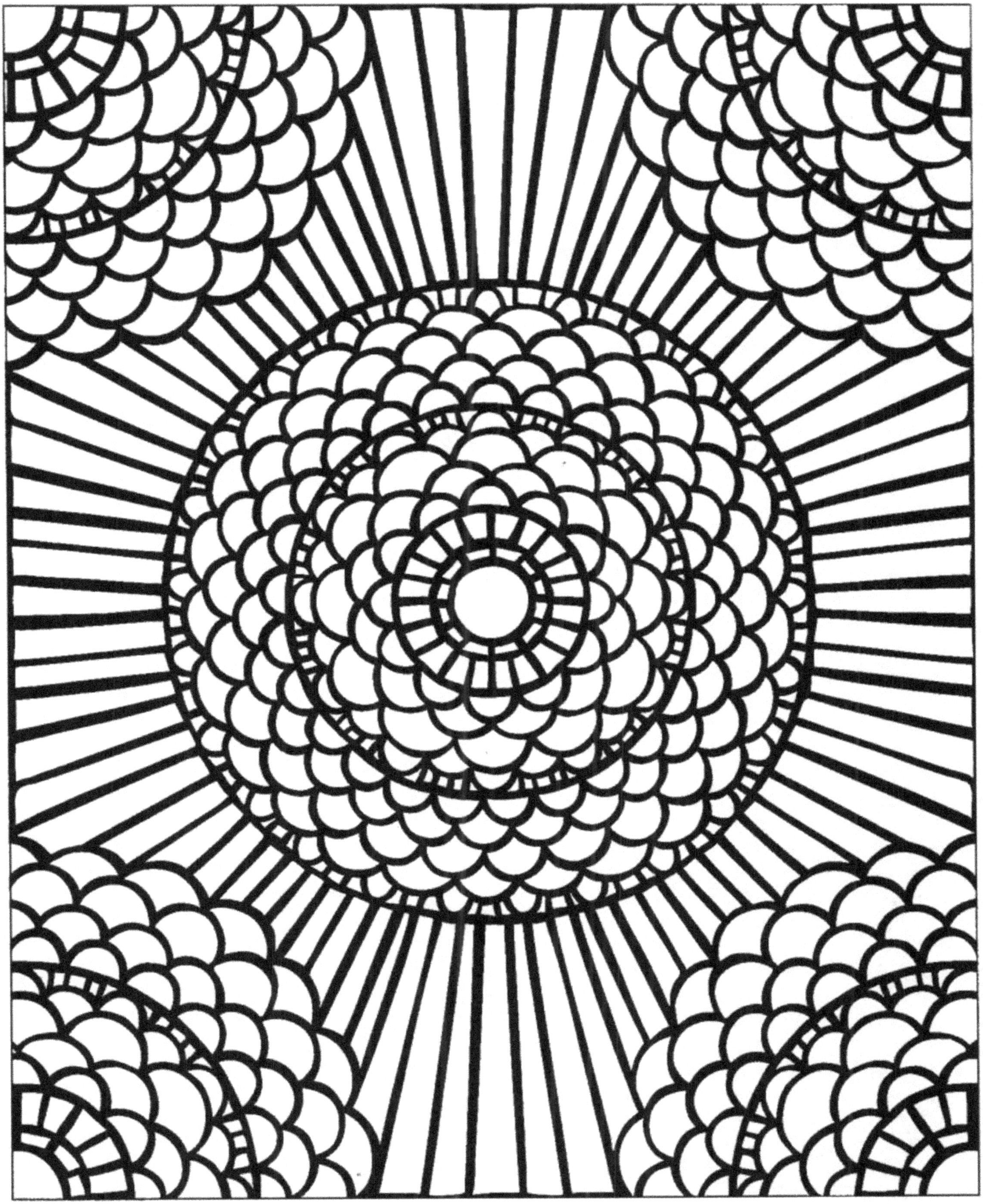

www.ingramcontent.com/pod-product-compliance
Lightning Source LLC
Chambersburg PA
CBHW080623220526
45466CB00010B/3447
* 9 7 9 8 5 9 3 2 9 0 1 6 8 *